특종! 달려라 한국사 ①

특종! 달려라 한국사 ①

이광희 글 | 이상규 조재석 김소희 그림

특종! 달려라 한국사를 즐겁게 여행하는 법

다양하게 꾸며진《특종! 달려라 한국사》를 쉽고 재미있게 이해할 수 있는 방법은 없을까요? 있습니다. 이 책에 들어 있는 코너의 성격을 이해하면 한 권의 내용이 한눈에 쏙 들어온답니다.

역사 갤러리

'역사 갤러리'는 세계 명화처럼 꾸며진 역사 연표입니다. 따라서 역사 갤러리를 감상하다 보면 사건이 언제 어디서 일어났는지, 사건의 본질이 무엇이고, 핵심 인물이 누구인지 한눈에 파악할 수 있습니다. 한국사의 흐름을 단숨에 파악하고 싶다면 역사 갤러리!

핫이슈 · 특집 · 한국사 X파일

'핫이슈' '특집' '한국사 X파일'은《특종! 달려라 한국사》의 핵심 코너 3종사입니다. 각 코너마다 하나의 주제를 취재 기사, 인터뷰, 대담, 일기 등 다양한 형식으로 다루기 때문에, 이 세 코너만 보더라도 한국사의 중요한 사건을 자연스레 파악할 수 있습니다.

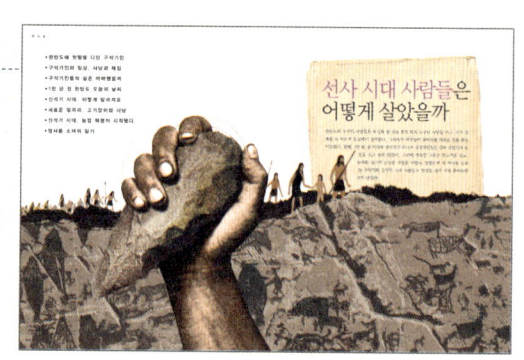

사람과 사람

'사람과 사람'에서는 시대를 이끌었던 역사 인물을 세 코너에 담았습니다. 역사의 중심 인물을 만나 보는 '스타 인터뷰', 화제의 인물을 집중 조명 해 보는 '이 기자의 인물 탐구', 두 사람의 찰떡 궁합을 자랑하는 '환상의 짝꿍'이 그것입니다.

만화로 보는 한국사 명장면

'만화로 보는 한국사 명장면'은 우리 역사의 결정적인 순간을 만화로 보여 주는 코너입니다. 1권에서는 고조선 최후의 항전 이야기를 다루고, 2권부터는 을지문덕의 살수대첩, 정중부의 무신의 난 등 역사적인 대사건이 숨 가쁘게 펼쳐집니다.

이야기 한국사 극장

'이야기 한국사 극장'은 호동 왕자와 낙랑 공주, 바보 온달, 어린 단종과 사도세자의 죽음 등 우리 역사에서 드라마보다 더 드라마틱한 실제 사건을 재미있는 이야기 형식으로 꾸몄습니다. 따라서 결코 놓쳐서는 안 될 본방 사수 코너입니다.

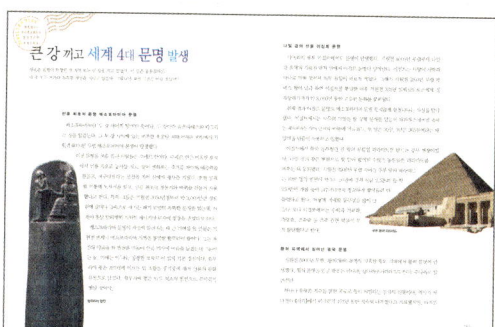

세계는 지금

'세계는 지금'은 나라 밖에서 일어난 사건을 특파원이 직접 뛰어다니며 소개하는 특파원 리포트입니다. 우리 역사만 잘 알아서는 우물 안 개구리겠지요? 따라서 지구촌 곳곳에서 벌어지는 소식을 통해 우리 역사의 현주소를 더욱 깊이 있게 파악할 수 있을 것입니다.

문화와 생활

'문화와 생활'은 한국사 속에서 피어난 우리의 문화를 만나 보는 코너입니다. 이를테면 선사 시대의 음악과 그림, 삼국 시대의 음식과 주택, 조선 시대의 패션과 인테리어에 이르기까지 다양한 문화와 생활 이야기가 펼쳐집니다. 문화와 생활까지 만나 보면 한국사의 마지막 퍼즐 완성!

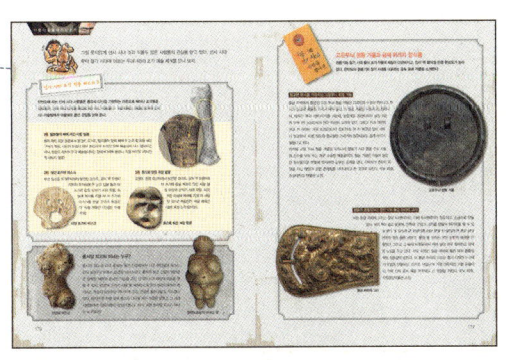

차례

008 책머리에

010 역사 갤러리

012 주요 인물 소개

핫이슈
선사 시대 사람들은 어떻게 살았을까

016 한반도에 첫발을 디딘 구석기인

020 구석기인의 일상, 사냥과 채집

026 구석기인들의 삶은 어떠했을까

031 1만 년 전 한반도 오늘의 날씨

032 신석기 시대, 이렇게 달라져요

034 새로운 일자리, 고기잡이와 사냥

040 신석기 시대, 농업 혁명이 시작됐다

044 암사동 소녀의 일기

049 움집 분양 광고

특집
청동기와 고조선 이야기

052 청동기 시대, 이렇게 달라져요

054 청동기 시대 농경 마을을 찾아서

060 한반도 청동기의 은밀한 내력

066 한반도는 ○○○ 왕국

068 단군왕검, 고조선을 세우다

074 범금팔조로 사회 기강 확립!

078 위만조선 시대가 열리다

084 단군조선, 신화인가 역사인가

090 만화로 보는 한국사 명장면
　　왕검성 최후의 날

100 이 기자의 역사 유람
　　부여, 동예, 옥저, 삼한을 찾아서

107 제천 행사 광고

한국사 X파일
삼국과 가야 탄생의 비밀

110 부여 왕자 주몽, 고구려를 세우다

116 고구려 왕자 온조, 백제를 세우다

120 박혁거세와 김수로, 신라와 가야를 세우다

127 삼국의 기틀을 다진 3인방

134 삼국 여행 광고

사람과 사람

136 스타인터뷰
고구려와 백제 건국의 숨은 공로자, 소서노

142 이 기자의 인물 탐구
진대법으로 백성을 구제한 을파소

146 환상의 짝꿍
고구려를 위기에서 구한 밀우와 유유

150 이야기 한국사 극장
낙랑 공주와 호동 왕자

156 풍경과 사람
전쟁이 휩쓸고 간 청동기 마을에서

특파원 리포트
세계는 지금

162 큰 강 끼고 세계 4대 문명 발생

166 석가모니, 공자, 예수의 탄생

168 아테네에서 민주주의 꽃피다

170 속보! 지금은 로마 제국 시대

문화와 생활

172 따끈따끈 화제의 책

174 새 시대 새 음악

176 풍요와 다산을 비는 미술

178 아름다움을 새기는 조각

180 최신 유행 패션

182 새로운 음식 문화

184 퀴즈
한국사 완전정복

186 편집 후기

187 사진과 그림 제공 및 출처

《특종! 달려라 한국사》호를 타고 신나는 역사 항해를

지난해 저는 독일 베를린에 머물 기회가 있었어요. 그때 가끔씩 한국학을 전공하는 독일 대학생들을 만났는데, 어느 날 그 친구들이 제가 어린이 역사책을 쓴다는 걸 알고는 한국사를 같이 공부해 보면 어떻겠냐고 하더군요. 저야 어차피 역사 공부를 해 오던 터여서 흔쾌히 받아들였지요. 그런데 막상 그 친구들에게 반만년 우리 역사를 설명한다는 게 여간 어려운 일이 아니었어요.

오죽했으면 그 모임을 그만두고 한국으로 내뺄까도 생각했죠. 하지만 그랬다가는 나라 이미지에 먹칠을 하게 될 것 같아서 곧 마음을 고쳐먹었지요. 그러고는 어떡하면 그 친구들에게 우리 역사를 제대로 이해시킬 수 있을지 심사숙고했죠. 그러다가 마침내 하나의 결론을 얻었어요. '꼭 할 말만 쉽고 재미있게 하자!'

먼저 저는 한국사의 큰 흐름을 잡고 중요한 사건 위주로 이야기를 풀어 나갔어요. 욕심을 버리고 나니까 얘기하기가 훨씬 수월해지더군요. 그렇게 일 년 가량 공부하다 귀국을 했는데, 그때의 경험을 살려 한국사 전체를 아우르는 책을 써 보고 싶다는 생각이 들더군요. 또 때마침 《특종! 20세기 한국사》시리즈가 완간된 때여서 그 시리즈와 짝을 이루는 한국사 책이 필요하기도 했고요. 그렇게 해서 《특종! 달려라 한국사》가 여러분을 만날 수 있게 된 것입니다.

　이 책은 잡지 형식으로 꾸며져 있어 어떤 코너를 먼저 보더라도 생방송을 보듯 생생한 현장감을 느낄 수 있을 거예요. 이런 장점을 살려 지금 여러분이 읽고 있는 1권에서는 선사 시대부터 고구려, 백제, 신라가 나라를 세우던 삼국 시대 초기까지의 이야기를 다루었어요.

　선사 시대부터 고조선과 삼국의 건국으로 이어지는 큰 흐름을 '핫이슈' '특집' '한국사 X파일' 등에서 집중으로 다루고, '스타 인터뷰'에서는 고구려와 백제 건국의 숨은 공로자 소서노를, '인물 탐구'에서는 진대법을 실시한 을파소를 만나 봤어요. '만화로 보는 한국사 명장면'에서는 고조선 최후의 항쟁을 흥미진진하게 그리고, '세계는 지금'에서는 고대 문명의 발상지와 그리스에서 시작된 민주주의 정치를 탐구해 보는 기회를 마련했어요.

　꼭 할 말만 쉽고 재미있게 한다고 해 놓고 말이 길어졌네요. 끝으로 여러분을 환상적인 역사 여행으로 안내할 친구를 소개할게요. 태어날 때부터 천상천하 유아특종을 외쳤다는 전설의 소유자, 특종을 낚는 어부가 되겠다는 일념으로 돈키호테처럼 물불을 안 가리고 달려드는 사나이, 바로 시간을 달리는 이 기자예요. 부디 이 기자와 함께 신 나고 멋신 한국사 항해가 되기를 바랍니다.

2013년 늦가을 이광희

역사 갤러리

그림을 감상하면서 한국사의 흐름을 깨치는 일석이조 역사 연표. 두 발로 우뚝 선 인류의 출현부터 고조선의 멸망과 삼국의 건국까지, 한국사의 한 획을 그은 순간들을 역사 갤러리에서 만나 보자.

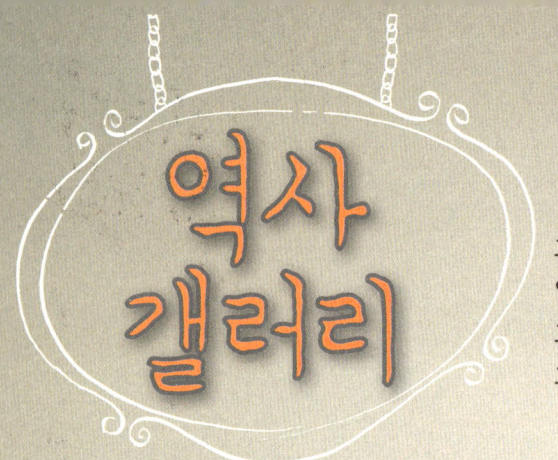

한반도에 나타난 최초의 사람, 70만 년 전 구석기 시대
한반도에 최초로 나타난 구석기인을 사실적으로 묘사한 작품. 두 발로 서서 직립 보행을 하고, 손을 이용해 도구를 만들고, 불을 피우고, 사냥을 하며 한반도의 첫 새벽을 일구는 모습을 신화적으로 표현했다.

불이 있는 동굴 안의 저녁 식사, 40~50만 년 전 구석기 시대
불을 피워 추위와 맹수를 쫓고, 철철 흐르는 생고기의 피를 담백한 육즙으로 바꾸어 준 불을 이용하기 시작한 구석기인의 단란한 저녁 한때를 인상적인 화법으로 그려 낸 작품.

조, 피, 수수 줍는 사람들, 1만 년 전 신석기 시대
신석기 시대에 시작된 농사짓는 모습을 경건하고 소박하게 묘사한 작품. 석양이 지는 저녁나절, 추수가 끝난 밭에서 한 알의 수수라도 더 주우려고 허리를 숙인 신석기인의 모습에서 사뭇 엄숙함이 느껴진다.

고조선의 탄생, 기원전 2333년
널리 인간을 이롭게 하려는 단군의 건국 이념에 따라 우리나라 최초의 국가인 고조선이 탄생하는 이야기가 화가의 농익은 터치로 되살아난다. 곰(웅녀)과 인간(환웅)의 결합으로 단군이 탄생했다는 발상이 눈에 띄는 작품.

고조선 최후의 만찬, 기원전 108년
중국 한나라의 분열 작전에 넘어가 우거왕을 살해하고, 성기 장군마저 죽인 뒤 한나라에 투항한 고조선 배신자들의 추악한 면면을 사실적으로 묘사한 작품. 고조선은 그렇게 역사 속으로 사라졌다.

고구려의 시조 주몽의 탄생, 기원전 58년
고구려를 건국한 주몽의 탄생 과정을 판타스틱하게 그려 낸 삼국 시대 회화의 걸작. 알을 깨고 나오는 주몽과 하늘신의 접선 과정을 생동감 있게 묘사했다.

한반도 삼국 탄생전, 기원전 57년~기원전 18년
박혁거세, 주몽, 온조가 신라, 고구려, 백제를 건국하는 과정을 한 화면에 담은 작품. 세 시조가 서라벌과 졸본, 위례성에서 저마다 나라를 세우는 모습을 역동적으로 묘사한 작품.

주요 인물 소개

선사 시대부터 삼국의 건국 시기까지,
한국사를 주름 잡은 역사 인물은 누구일까.
신화의 시대를 지나 역사 시대로 힘차게 달려가는
고대 한반도의 주역들을 만나 보자.

구석기 사람 흥수 아이

4만여 년 전 두루봉 동굴에 살았던 키 110~120센티미터, 나이 대여섯 살 어린이. 그의 이름을 불러 주기 전까지 그는 다만 하나의 뼈다귀에 지나지 않았다. 그의 이름을 불러 주었을 때 그는 남한 지역의 구석기 시대를 대표하는 유물이 되었다. 그의 이름은 흥수 아이.

고조선을 세운 단군

하늘 자손 환웅과 사람으로 변신한 곰이 합체해 탄생시킨 고조선 건국자. 단군의 공식 명칭은 제사장과 지배자를 뜻하는 단군왕검. 아사달에 도읍을 정하고 널리 인간을 이롭게 다스리던 그는 나이 1908세에 신선이 되어 사라진다.

고구려를 건국한 주몽

서양의 활쏘기의 명수 빌헬름 텔이나 로빈 후드보다 활을 더 잘 쏜다고 알려진 고구려 시조. 유화 부인의 몸에서 난 알을 깨고 나온 특이한 이력의 소유자로, 부여 왕자들의 시기를 피해 달아나 기원전 37년 졸본 지역에서 소서노의 도움으로 고구려를 세운다.

백제를 건국한 온조

주몽의 아들이자 백제 건국의 시조. 어느 날 부여에 있던 주몽의 또 다른 아들 유리가 찾아오자, 후계 경쟁에서 밀린 그는 친형 비류와 함께 고구려를 떠난다. 그 후 둘은 갈라져 비류는 미추홀에서 나라를 세우려다 실패하고, 온조는 기름진 땅 위례성에 도읍을 정하고 백제 건국에 성공한다. 기원전 18년.

신라를 건국한 박혁거세
신라의 시조로 성은 박이요, 이름은 세상을 밝게 다스린다는 뜻의 혁거세. 어느 날 나정이라는 우물가에서 울고 있는 흰 말 앞에 자줏빛 큰 알이 나타난다. 박혁거세는 그 알에서 태어나 열세 살 때 경주 일대에 사는 사로국 촌장들의 추대로 신라의 왕이 된다.

가야국의 첫 임금 김수로
낙동강 유역의 가야 촌장들이 거북아, 거북아 하며 노래를 부르던 중 하늘에서 금빛 상자가 내려와 그 안에 있던 여섯 개의 알에서 사내아이가 차례로 태어났다. 그중 가장 먼저 태어난 아이가 바로 김수로였는데, 그 덕분에 그는 금관가야의 첫 임금이 된다.

비운의 왕자 호동
사랑하는 연인보다 조국을 더 사랑한 고구려 왕자. 낙랑국을 정복하기 위해 낙랑 공주에게 낙랑국의 자명고를 찢어 달라고 편지를 띄운다. 마침내 낙랑 공주의 도움으로 낙랑국 정복에 성공하지만, 그 자신도 비극적인 최후를 맞는다.

진대법을 실시한 재상 을파소
고국천왕을 도와 진대법을 실시한 고구려의 재상. 진대법은 봄에 가난한 농민에게 곡식을 꾸어 주고 가을 추수 때 걷어 들이는 고구려 식 복지 제도. 농사를 지으며 가난하게 살던 그는 재상 취임 후 진대법을 실시해 일약 삼국 최고의 재상에 등극한다.

핫 이 슈

- ◆ 한반도에 첫발을 디딘 구석기인
- ◆ 구석기인의 일상, 사냥과 채집
- ◆ 구석기인들의 삶은 어떠했을까
- ◆ 1만 년 전 한반도 오늘의 날씨
- ◆ 신석기 시대, 이렇게 달라져요
- ◆ 새로운 일자리, 고기잡이와 사냥
- ◆ 신석기 시대, 농업 혁명이 시작됐다
- ◆ 암사동 소녀의 일기

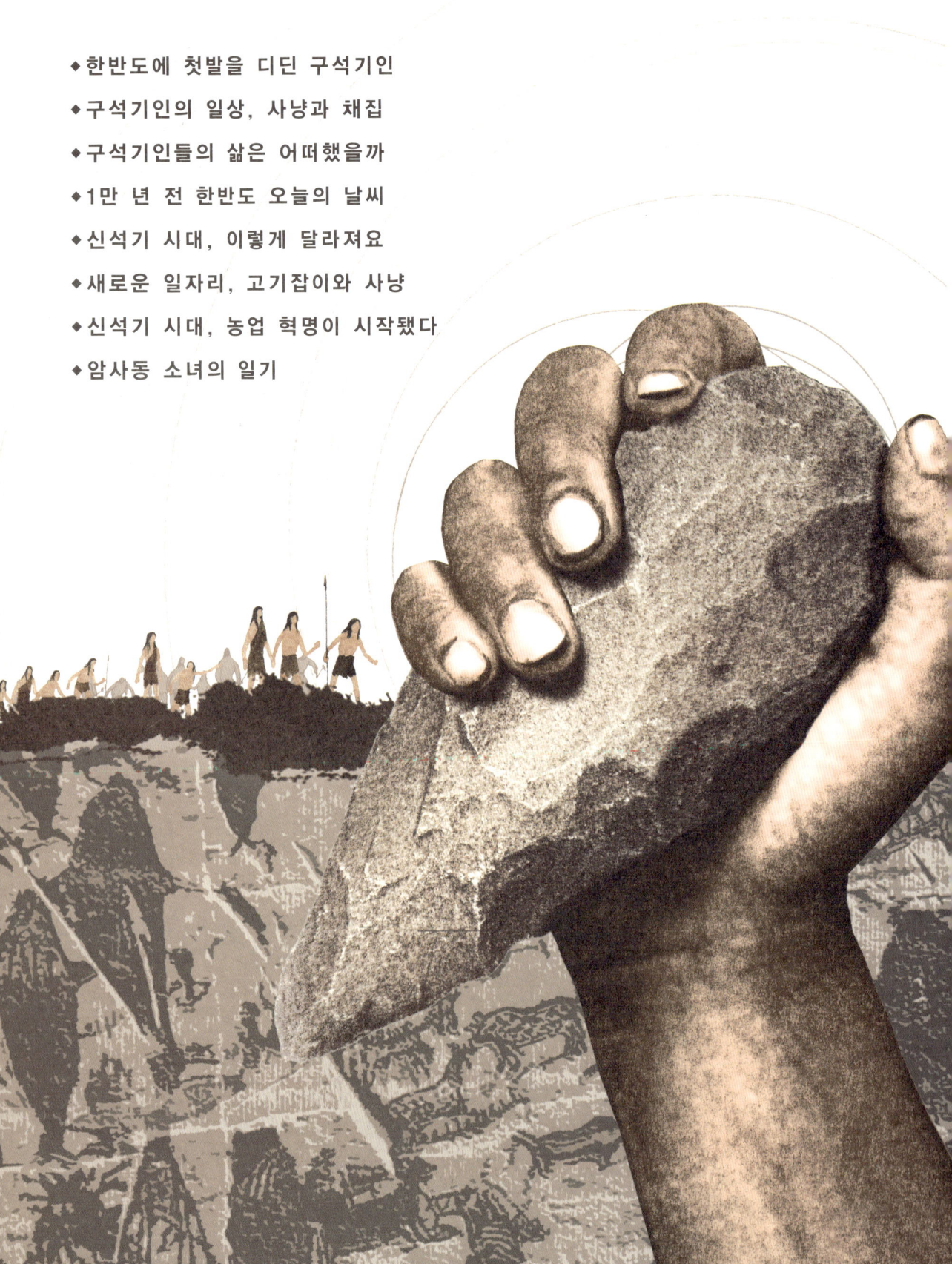

선사 시대 사람들은 어떻게 살았을까

한반도의 구석기 사람들은 수십만 년 동안 돌로 만든 도구로 사냥을 하고, 나무 열매를 따 먹으며 동굴에서 살아왔다. 그러다가 먹잇감이 떨어지면 새로운 곳을 찾아 이동했다. 한편, 1만 년 전 마지막 빙하기가 끝나자 신석기인들은 강과 바닷가에 움집을 짓고 눌러 앉았다. 그곳에 정착한 그들은 물고기를 잡고, 농사를 지으며 단란한 가정을 꾸렸다. 한반도의 새 역사를 일궈 온 구석기와 신석기 시대 사람들의 일상을 선사 시대 핫이슈에 모두 담았다.

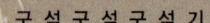
구석구석구석기

한반도에 첫발을 디딘 구석기인

바야흐로 구석기 시대다. 한반도에 사는 구석기인들은 수십만 년 전부터
돌로 도구를 만들어 사용하며 한반도 구석구석에 자리를 잡았다.
한반도의 구석기인, 그들은 누구인가.

굿바이, 아프리카

시간을 달리는 이 기자가 보고, 듣고, 맛본 생생한 이야기를 하나 들려줄게. 이야기는 저 멀리 아프리카의 푸른 계곡으로부터 시작된단다.

옛날하고도 아주 먼 옛날, 아프리카 중부의 어느 계곡에 이상한 동물들이 나타났어. 구부정한 어깨에, 고릴라를 닮은 얼굴, 털이 숭숭 나 있는 몸뚱이가 멀리서 보면 영락없이 원숭이처럼 보였어. 하지만 그들은 원숭이와는 확연히 다른 점이 있었지. 바로 두 발로 서서 걷는다는 점이야.

지금으로부터 4백만 년 전, 아니 어쩌면 그보다 훨씬 이전. 아프리카 계곡에 처음 모습을 드러낸 그들은 울창한 숲에서 나무 열매를 따 먹고 맹수가 먹다 버린 동물의 고기를 날로 먹으며 살았어. 그들의 이름은 '남쪽의 원숭이'라는 뜻의 오스트랄로피테쿠스.

시간은 한참 흘러 250만 년 전 무렵. 오스트랄로피테쿠스보다 조금 더 진화한 인류가 자유로워진 두 손으로 땅에 굴러다니는 돌멩이를 주워들었어. 그러고는 그 돌을 깨뜨려 도구로 사용하기 시작했어. 그들은 바로 호모 하빌리스라고 하는 '손 쓰는 사람'이야. 구석기 시대는 그렇게 시작되었지.

그리고 또 수십만 년이 흐른 뒤, 호모 에렉투스라고 하는 곧선사람들이 나타나. 그들은 구부정한 어깨를 곧추 펴고, 고개를 빳빳이 들어 하늘을 쳐다보았어. 그러고는 넘치는 자신감으로 이전보다 더 정교해진 도구인 주먹도끼를 들고 사냥에 나섰어. 이제 인류는 더 이상 오스트랄로피테쿠스 때처럼 맹수에 쫓기고 잡아먹히는 그런 연약한 동물이 아니었어.

마침내 이들과 같은 곧선사람들은 인류의 고향인 아프리카를 벗어나 머나먼 모험의 길을 떠난단다. 그때가 어림잡아 1백만 년 전 무렵이었지.

반갑다, 한반도

아프리카를 떠난 인류가 한반도에 발을 들여놓은 건 얼추 70만 년 전이야. 곧선사람의 후손들은 고향을 떠난 지 수십만 년 만에 맹수와 추위와 배고픔과 싸워 가며 아시아 대륙의 동쪽 끝까지 이동했어.

한반도에 들어온 구석기인들은 10~20명씩 무리를 지어 평안남도 덕천 승리산 동굴과 상원 검은모루 동굴, 평양 만달리, 대동강변의 역포리, 경기도 연천 전곡리, 충청 지역의 제천 점말 동굴, 단양 금굴, 공주 석장리 그리고 남쪽 끝 제주도 빌레못 동굴까지 일용할 양식과 안락한 동굴이 있는 곳으로 흩어져 갔어.

이때는 빙하기라 날씨가 무지무지 추웠어. 이따금씩 간빙기가 찾아와 따뜻할 때도 있었지만, 구석기 시기는 거의 내내 추웠지. 빙하기가 들이닥칠 때마다 인류는 나무 열매와 사냥감이 줄어들어 굶주림에 시달렸고, 추위를 막을 옷이 제대로 없어 얼어 죽을 지경이었지. 하지만 곧선사람들은 불을 이용해 그 끔찍한 추위 속에서도 살아남을 수 있었단다.

인류에게 불은 참으로 고마운 존재였어. 추위를 막고, 맹수를 쫓고, 맛있게 익힌 고기를 먹음으로써 사람들은 더 튼튼해지고 더 똑똑해질 수 있었지.

구석기인들의 이동식 라이프 스타일

또다시 시간이 흐르고 흘러 4만 년 전부터 구석기인들이 한반도 구석구석을 누비기 시작했어. 무지 똑똑해서 슬기를 두 개나 붙여 슬기슬기 사람(호모 사피엔스 사피엔스)이라고 했지. 그들은 주먹도끼보다 훨씬 성능이 좋은 돌화살촉을 만들어 이전보다 손쉽게 더 많은 사냥감을 잡을 수 있었어.

슬기슬기 사람은 흐르는 물이 비스듬히 내려다보이는 아늑한 동굴에서 두세 가족이 함께 어울려 살았어. 그들은 동굴 속에서 사냥한 짐승의 날고기를 구워 먹고, 잠을 자고, 아이를 낳아 길렀지. 그러다 어느덧 마지막 빙하기에 이르게 돼.

구석기인들은 그동안 굳세게 살아왔어. 하늘을 나는 날개도, 사나운 짐승과 맞설 수 있는 날카로운 발톱도 없이 오로지 뛰어난 두뇌와 손 기술로 도구를 만들어 사용하면서 말이야.

먼먼 훗날 혹시 지구 반대편에 있는 친구와도 이야기를 주고받을 수 있는 도구를 만들게 된다면, 그건 아마 수백만 년 동안 무시무시한 맹수와 자연 환경에 맞서 살아남은 구석기인들 공이 크다고 생각해. 그러니 구석기인을 원시인이라고 무시하지 말자고. 마음만은 언제나 현대인이니까. Ⓗ

돌로 시대를 나누는 까닭

석기 시대 때 나무 몽둥이가 석기만큼 유용하게 쓰였다는 건 다 알려진 사실이다. 하지만 나무로 된 유물이 현재까지 남아 있지 않아서, 구목기 시대니 신목기 시대니, 이렇게 나무를 기준으로 시대를 나누는 건 불가능하다.

그렇다면 돌로 시대를 나누게 된 건 언제부터였을까. 1863년 덴마크 박물관장으로 있던 고고학자 톰센이 박물관에 유물을 전시하면서 석기 시대, 청동기 시대, 철기 시대로 나누어 전시했다. 그러다 1865년 영국의 고고학자 러복이 석기 시대를 구석기 시대와 신석기 시대로 다시 나누었던 것이다. 오늘날 톰센이 살아 있다면 철기 시대 다음은 어떤 시대로 분류할까. 아마 플라스틱 시대라고 하지 않을까.

인류의 진화, 루시에서 흥수 아이까지

오스트랄로피테쿠스
4백만 년 전 아프리카에 등장한 최초의 고인류로, 직립 보행을 했다. 키 1~1.3미터, 두뇌 용량은 400~600시시쯤이다. 작은 머리에 비해 발달된 턱과 긴 팔, 커다란 얼굴을 가졌다. 지금까지 발견된 가장 오래된 오스트랄로피테쿠스 화석은 350만 년 전에 살았던 것으로 알려진 루시. 루시라는 이름은 발굴 당시 유행하던 비틀즈의 노래 제목에서 따왔다.

손 쓰는 사람(호모 하빌리스)
약 260만 년 전에 등장한, 아프리카 탄자니아 올두바이 계곡에서 발견된 고인류. 키 1.25미터, 두뇌 용량은 600~900시시쯤이다. 직립 보행을 하고 구석기인 가운데 처음으로 도구를 사용했다.

곧선사람(호모 에렉투스)
약 150만 년 전에 등장한 고인류. 치아와 턱의 크기가 작아졌고, 키 1.5~1.6미터, 두뇌 용량은 800~1000시시쯤이다. 무리를 지어 석기를 이용해 사냥했으며, 원시적인 언어로 의사소통을 했다. 불을 사용했다는 점에서 인류 진화의 역사에서 중요한 의미를 가진다. 약 1백만 년 전부터 아프리카를 벗어나 유럽과 아시아에 퍼져 살았다.

슬기 사람(호모 사피엔스)
약 30만 년 전에서 10만 년 전에 등장한 고인류. 두개골의 용량이 더욱 증가했으며, 음식을 익혀 먹을 수 있게 되면서 얼굴 형태도 현대인과 비슷하게 되었다. 호모 에렉투스보다 더욱 정교한 석기를 만들어 사용했으며, 뛰어난 적응력을 바탕으로 아메리카 대륙을 제외한 지구촌 전역에 퍼져 살았다. 최초로 장례를 치른 인류로 대표적인 슬기 사람은 네안데르탈 사람이다.

슬기슬기 사람(호모 사피엔스 사피엔스)
약 10만 년 전부터 이름을 알린 현생 인류의 직접 조상. 최초로 발견된 유적지 이름을 따 '크로마뇽 사람'이라고도 한다. 생김새나 신체 구조가 오늘날 인류와 같고, 두뇌 용량도 1500~1600시시이다. 한반도에서는 약 4만 년 전부터 슬기슬기 사람이 활발히 활동했는데, 사람 뼈 유물인 승리산 사람, 만달 사람, 흥수 아이 모두 슬기슬기 사람으로 추정된다.

구석기 생활 경제

구석기인의 일상, 사냥과 채집

믿음 소망 사랑, 그보다 더 중요한 건 식량이라. 예나 지금이나
사람에겐 먹고사는 문제가 가장 중요하다. 구석기인이 먹고사는 문제를 해결하는
대표적인 일터, 사냥과 채집 현장을 동행 취재했다.

사냥을 떠나요 즐거운 마음으로

【청주 두루봉 동굴】 약 2만 년 전 아침, 오랜만에 지방 출장에 나섰다. 사냥 현장을 직접 둘러보고 요즘 구석기인들의 사냥과 채집 기술이 어느 정도까지 발전했는지 알아보기 위해서다.

그동안 몇 군데 구석기 사냥 현장을 취재하면서 느낀 거지만, 인류가 지구상에 등장한 이래 지금처럼 새로운 구석기 발명품들이 한꺼번에 쏟아진 적은 없었다. 요즘은 가히 뗀석기 발명의 홍수 시대라 해도 지나친 말이 아닐 정도다.

맹수가 잡아 놓은 사냥감이나 가로채 날로 먹으려던 인류가 이제는 털코끼리와 쌍코뿔소처럼 덩치 큰 동물에서부터 호랑이와 하이에나 같은 사나운 맹수들까지 못 잡는 짐승이 없으니 말이다. 슬기슬기 사람의 머리가 좋아지다 보니 무기와 사냥 기술이 동반 성장한 덕분이다.

이번 취재 지역은 슬기슬기 사람의 거주지인 청주 두루봉 동굴. 나는 구석기 사냥 연구소의 연구원 우가 씨, 구석기 무기 발전 연구소의 연구원 우가 씨와 함께 길을 나섰다.(물론 이 시기에 이런 연구소가 따로 있을 리 없겠지만. ㅋㅋ)

두 연구원은 현장 경험을 통해 석기 제작과 사냥 기술을 발전시킬 목적이지만, 나는 무엇보다 안전 때문이다. 내가 비록 특종이라면 물불 안 가리는 기자지만, 혼자 가다가 며칠 굶은 맹수라도 만나면 바로 그들의 사냥감이 될 테니까.

푸른 숲 속에 돌창을 메고

서울을 떠난 지 며칠 만에 우리 일행은 두루봉 동굴에 다다랐다. 이튿날 아침, 우리는 곧바로 사냥에 나섰다. 현지에서 합류한 사냥꾼 우가 씨 일곱 사람과 같이 간 연구원 둘 그리고 나까지 모두 열 명이었다.

오늘 사냥은 무척 중요하다. 사냥해 놓은 고기가 다 떨어져서 만일 사냥에 실패하면 동굴 식구들은 나무 열매와 뿌리만 씹으며 몇 날 며칠을 버텨야 한다.

오늘은 무슨 사냥을 할 거냐고 묻자, 아래턱이 마징가 제트처럼 억세 보이는 우가 씨는 "아마도 멧돼지가 될 것 같다."라고 말했다. 그러면서 "멧돼지는 사납고 빨라서 사냥하는 데 위험이 따르지만, 고기가 맛있어서 이곳 사람들이 가장 좋아하는 사냥감"이라고 말했다.

이곳 충북 지역의 사냥감은 기후에 따라 달랐다고 한다. 빙하기 때는 털코끼리처럼 추운 데 사는 커다란 동물이 나타났고, 간빙기가 찾아왔을 땐 쌍코뿔소처럼 더운 데 사는 동물들이 이곳까지 올라왔다고 한다. 빙하기가 끝나 가는 요즘 주된 사냥감은 멧돼지나 사슴 따위다.

노련한 사냥꾼 우가 씨들은 멧돼지 발자국과 배설물을 쫓으며 멧돼지와의 거리를 좁혀 갔다. 하지만 드넓은 숲 속에서 멧돼지를 찾는 건 여간 힘든 일이 아니었다. 까딱하다간 숲 속에서 밤을 새우며 몇 날 며칠을 기다려야 할지도 모른다.

서쪽 하늘이 차츰 붉게 물들 무렵, 때마침 숲 속에서 멧돼지 한 마리가 코를 땅에 박고 킁킁거리는 모습이 눈에 들어왔다. 우리는 대장 우가 씨가 지시한 대로 넓게 포위망을 짜 살금살금 다가갔다.

아뿔싸! 그만 멧돼지가 우리들의 움직임을 눈치 챈 듯했다. 갑자기 씩씩거리며 사방을 두리번거리기 시작했다. 저러다 저놈이 달아나기라도 하면 놓치는 건 말할 것도 없고, 흥분한

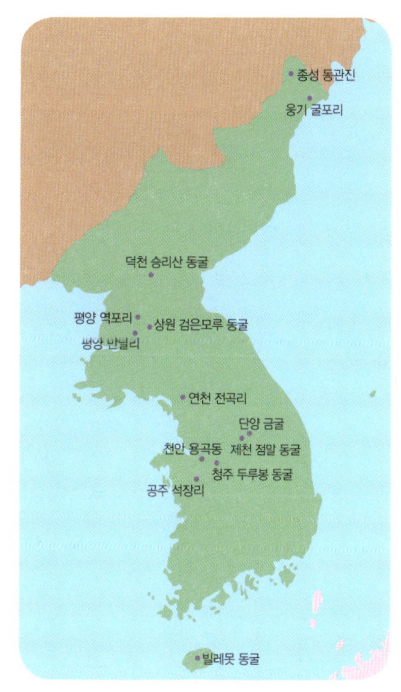

우리나라 구석기 유적지

사냥은 가장 오래된 스포츠

사냥은 인류 역사상 가장 오래된 스포츠다. 사냥감을 향해 달리고, 창을 던지고, 화살을 쏘는 구석기식 생계형 활동이 먼 훗날 100미터 달리기, 창던지기, 양궁과 사격 같은 올림픽 정식 경기 종목으로 발전했다. 믿거나 말거나.

멧돼지에 누군가가 들이받혀 큰 부상을 당할 수도 있다.

곧바로 대장 우가 씨가 공격 명령을 내리자, 창던지기조가 앞으로 나가 멧돼지를 향해 있는 힘껏 창을 던졌다. 다행히 하나는 퍽! 하고 맞았으나 두 개는 빗나갔다. 멧돼지는 배에 창을 맞은 채로 더욱 씩씩거리며 눈두덩이 튀어나온 우가 씨에게 돌진했다. 절체절명의 순간이었다.

바로 그때, 옆에 있던 큰 바위 얼굴 우가 씨가 뾰족한 나무창으로 달려드는 멧돼지의 가슴팍을 찔렀다. 창에 맞은 멧돼지는 그 자리에서 쿵! 하고 쓰러졌다. 그러자 타격조 우가 씨들이 달려들어 주먹도끼로 찍고, 몽둥이로 마구 내리쳐 무사히 멧돼지 사냥을 마칠 수 있었다. 눈두덩이 튀어나온 우가 씨가 멧돼지를 피하려다 뒤로 넘어져 머리에 피가 조금 나는 것 말고는 다행히 다친 사람은 없었다.

사냥 현장을 쭉 지켜본 사냥 연구소 연구원은 "난폭한 사냥감에게 당하지 않으려면 멀리 떨어져서도 공격할 수 있어야 하는데, 그러려면 사냥감을 한 방에 쓰러뜨릴 수 있는 최종 병기가 어서 활활 나와 줘야 할 것"이라고 말했다.

우리 일행은 뉘엿뉘엿 땅거미가 깔릴 무렵 사냥한 멧돼지를 짊어지고 동굴로 돌아왔다. 사람들은 노련한 솜씨로 긁개와 밀개를 이용해 멧돼지 가죽을 벗기고 적당한 크기로 살을 잘라 냈다. 그러고는 똑같이 나누어 가졌다. 사냥할 때도 똑같이, 사냥한 고기를 나눌 때도 똑같이. 이게 바로 구석기인들이 살아가는 중요한 생활 법칙이었다.

식량의 대부분은 채집을 통해서

　사냥 무기와 기술이 아무리 발전했다고 해도 구석기인들은 여전히 주된 먹을거리를 채집을 통해 구했다. 사냥이 그만큼 힘들고 위험이 따르기 때문이다.
　채집은 나무 열매나 식물의 뿌리 따위를 긁어모으는 걸 말하는데, 오스트랄로피테쿠스 등장 이래 수백만 년 동안 구석기인들이 먹는 문제를 해결해 온 가장 대표적인 방법이다.
　오늘처럼 남자 우가들이 사냥을 나가면 여자 우가들은 동굴 주변의 숲 속에서

> **구석기 시대 사냥 십계명**
> 1. 사냥감 앞에선 침묵이 금이다.
>   안 그럼 다 도망간다.
> 2. 1대 1 맞짱을 피하라. 승산 없다.
> 3. 협동 작전을 펼쳐라. 유인, 몰이,
>   함정 작전 등.
> 4. 선제공격하라. 공격은 최선의 방어.
> 5. 노련한 사냥꾼을 공경하라. 경험이 짱.
> 6. 네 이웃의 사냥감을 탐내지 말라.
>   사냥하다 전쟁 난다.
> 7. 맹수가 사냥해 놓은 걸 가로채라.
>   치사해도 괜찮아.
> 8. 늙거나 어린 사냥감을 공략하라.
>   미안해도 괜찮아.
> 9. 사냥감을 죽일 때 가리지 않는다.
>   살생무택.
> 10. 위험할 땐 잽싸게 물러나라.
>   임전유퇴.
> — 구석기 사냥 연구소 제공

나무 열매를 따거나 뿌리를 캐 모은다. 물론 남자들도 사냥을 나가지 않을 때는 여자들처럼 채집 활동을 한다.

채집에 대해 좀 더 자세히 알아보기 위해 두루봉 동굴에 사는 예쁜이 우가 아줌마에게 물어봤다.

"요즘엔 주로 무얼 캐나요?"

"들판에 널려 있는 풀 가운데 먹어도 되는 나물을 캐지요. 이를테면 고사리 같은 거."

"먹어도 되는지 안 되는지 어떻게 알아요?"

"척 보면 알지요. 뭐 가끔 버섯을 잘못 먹고 잘못되는 경우도 있긴 하지만."

"또 다른 거는요?"

"칡이나 더덕을 캐 먹어요. 그리고 우리 애들은 새콤달콤한 나무 열매를 특히 좋아하지요."

"채집할 때 힘든 점은 뭔가요?"

"뱀 때문에 겁이 나긴 해요. 그놈에게 물리면 죽을 수도 있거든요. 그리고 애 키우며 일하는 게 힘들 때가 있어요. 맞벌이할 땐 남편이 좀 도와줘야 하는데."

한반도의 구석기인들은 오늘도 짐승을 사냥하고, 나무뿌리와 열매를 따 먹으며 하루하루 살아간다. 동굴 속에서 두세 가족이 어울려 살면서 사냥과 채집 활동을 주로 하는 구석기 생활은 앞으로도 한참 동안 쭉 이어질 것이다. 강과 바다에 넘쳐 나는 물고기를 잡아먹고, 밭에 씨를 뿌리며, 한곳에 정착해 살게 되는 새로운 신석기 시대가 올 때까지는 말이다. Ⓗ

구석기 사용 설명서

명랑한 구석기 생활을 돕기 위해 《특종! 달려라 한국사》 편집실과 구석기 무기 발전 연구소가 공동으로 최첨단 뗀석기 제조법과 신상의 활용법을 소개한다.

뗀석기 제작법

모루떼기 두 손으로 돌감을 쥐고 모루(큰 돌)에 내리쳐 만든다.

직접떼기 한 손에 돌감을 쥐고, 다른 손에 쥔 망칫돌로 타격하여 만든다.

간접떼기 돌감을 망칫돌로 직접 때리지 않고 뼈나 뿔을 대고 때려 만든다.

눌러떼기 뾰족한 뿔 도구로 계속 압력을 주어 돌감을 가공한다. 가장 고난도 기술.

뗀석기 활용법

뾰족 찍개 비교적 긴 자갈돌을 한쪽 방향으로 다듬고 끝부분을 날카롭게 마무리하여 만든 석기이다. 동물의 뼈를 깨거나 식물을 파낼 때 쓰인다.

주먹도끼 손으로 쥐는 부분은 뭉툭하고 끝은 뾰족한 노끼 모양의 석기로, 찍는 날과 자르는 날을 다 가지고 있어 사냥 시 짐승을 찍거나 나무를 가공할 때 유용하게 쓰인다.

긁개 돌을 때려내서 나온 박편으로 만든 석기로, 짐승의 가죽을 벗기거나 고기를 저밀 때, 또는 나무껍질을 얇게 벗길 때 쓰인다.

밀개 긁개보다 좀 더 작은 박편으로 만든 석기로, 나무껍질이나 짐승의 가죽을 벗기는 데나 무언가를 깎는 데 쓰인다.

슴베찌르개 창이나 화살촉처럼 끝을 날카롭게 다듬은 석기로, 자루와 연결해 창 따위 무기로 쓰인다. 슴베란 나무 자루와 연결되는 뾰족한 부분.

다 함께 톡 톡 톡

구석기인들의
삶은 어떠했을까

- 인류 역사의 99.9%의 시간을 지배해 온 구석기인. 하지만 기록이 없다 보니 그들이 어떻게 살았는지 구체적으로 알기 어렵다. 그래서 구석기인 네 사람을 모시고 그들의 의식주와 소박한 생활 이야기를 들어 봤다.

- **대담 장소** 연천 전곡리 구석기인 주거지
  참석 승리산 사람, 만달 사람, 역포 아이, 흥수 아이
  사회 시간을 달리는 이 기자

유서 깊은 한탄강변 전곡리 거주지에서

사회자 여러분 반갑습니다. 오늘 한반도 구석기 시대를 대표하는 네 분을 모시고 구석기인들의 구체적인 삶에 대해 이야기를 나눠 보려고 하는데요. 그전에 먼저 다함께 톡톡톡 장소를 이곳 연천 전곡리로 정한 까닭부터 잠깐 말씀드릴까 합니다.

두 가지가 있는데요. 하나는 이곳 전곡리가 약 30만 년 전부터 주먹도끼를 사용했던 유서 깊은 구석기 거주지라는 것이고요. 또 하나는 오늘 모이신 분들 중 세 분은 한반도 북쪽 지방에서, 나머지 한 어린이는 남쪽 지방에서 왔기 때문에 한반도 중간 지점인 이곳을 대담 장소로 정한 것입니다.

자, 그럼 지금부터 본격적으로 시작해 볼 텐데요. 먼저 한 사람씩 고스톱 순으로, 앗! 죄송합니다. 시계 방향으로 돌아가면서 간단하게 자기소개를 해 주실래요? 가장 나이가 많아 보이는 남자 분부터.

승리산 사람 우가우가(구석기 언어로, 반갑다는 뜻). 저는 평안남도 덕천 승리산 동굴에 사는 승리산 우가입니다. 나이는, 글쎄요, 세다가 까먹어서 정확히 몇 살인지 모르지만 대충 서른다섯 번쯤 추운 겨울을 보낸 것 같습니다. 저의 개인기는 사냥입니다.

만달 사람 우가우가(구석기 언어로, 안녕하십니까라는 뜻). 저는 평양 근처 만달리 동굴에서 온 만달리 우

가입니다. 저도 나이는 몇 살인지 잘 모르지만 승리산 우가님보다 동안이니까 20대 후반쯤 되지 않았을까요? 제 개인기는 석기 만들기입니다.

역포 아이 저는 대동강 근처 역포리 동굴에 사는 역포 아이예요. 보다시피 열두세 살쯤 되는 소녀랍니다. 개인기라면 다른 건 없고요. 나무를 타고 올라가서 열매 따는 데 선수랍니다.

사회자 흥수 아이는 이 아저씨 기억나요? 얼마 전에 아저씨가 두루봉에 취재 갔을 때 본 적 있는데, 두루봉 동굴에 사는 예쁜이 아줌마 아들 맞죠?

흥수 아이 아들인지 딸인지 모르겠지만, 아저씨는 기억나요. 저는 충북 청주 두루봉 동굴에 사는 대여섯 살쯤 되는 흥수 아이라고 합니다. 개인기는, 근데 개인기가 뭐예요?

사회자 남들보다 특별히 잘하는 기술을 말하는데, 흥수 아이는 아직 어리니까 그냥 넘어갈게요. 그럼 본격적으로 오늘의 주제인 구석기인의 의식주에 대해 이야기해 보죠. 먼저 의, 옷에 대해서 어느 분이 이야기해 주실래요?

구석기인의 의식주는 가죽옷, 열매, 동굴

승리산 사람 제 옷을 보시면 알겠지만 옷 이야기는 뭐 별로 할 게 없어요. 사냥해서 얻은 짐승의 가죽을 벗겨서 대충 만들어 입는 정도죠. 하지만 가죽을 말릴 때 한 가지 주의해야 할 게 있어요. 살을 완전히 벗겨 내고 쫙 펴서 말리는 게 중요해요. 그래야 오그라들지 않거든요. 옷보다 저는 사냥 이야기를 좀 할게요. 제가 사냥을 한 30년 해 봐서 아는데요, 하이에나를 혼자서 잡은 적이 있어요. 흠, 그러니까 어떻게 했냐 하면…….

사회자 좀 오그라드네요. 사냥 이야기는 앞에 있는 기사에 나와 있기 때문에 오늘은 생략할게요. 말씀해 주신 대로 구석기인의 옷은 가죽옷이나 털옷이 많은데요, 아무리 가죽옷이라 해도 빙하기 때는 추워서 고생 좀 했을 거 같네요. 다음은 식, 먹는 이야기 좀 해 볼까요?

만달 사람 먹는 거는 뭐 동물 잡아서 고기 먹는 게 최고죠. 승리산 우가님이 자기 자랑을 좀 하시는데, 사냥이 어디 쉽습니까. 무지 위험하고 힘든 일이죠. 그래서 저희는 주로 동굴 주변에 있는 숲에서 나무 열매를 따먹거나 나무뿌리를 캐먹고, 강이나 들판에서 가재나 개구리를 잡아먹으면서 그럭저럭 삽니다. 먹는 이야기보다 저는 석기 만드는 얘기를 좀 할게요. 제가 석기를 한 20년 동안 만들어 봐서 아는데요, 저는 뗀석기 중에서도 최첨단 공법인 눌러떼기 기법으로 좀돌날 같은 걸 잘 만드는데…….

사회자 아, 눌러 버리고 싶네요. 석기 만드는 이야기도 앞에 기사에 나와 있걸랑요. 오늘 나오신 분들이 자기 자랑이 좀 심하신 거 같네요. 그럼 마지막 주제인 주, 집 이야기를 해 보겠습니다.

역포 아이 집이라면 동굴을 얘기하는 건가요? 동굴처럼 편한 집이 없죠. 바닥이 좀 울퉁불퉁하긴 하지만,

그 정도로 아늑하면 좀 불편해도 괜찮아요. 추운 겨울에는 바깥보다 따뜻하고, 더운 여름에는 또 시원하죠. 화덕에 고기가 익어 가면, 가족끼리 도란도란 하는 곳, 그곳이 차마 꿈엔들 잊힐 리야.

승리산 사람 집은 동굴만 있는 게 아니에요. 바위 그늘도 있고 막집도 있어요. 제가 웅기 굴포리에 가 보니까 그곳 사람들은 한데다 터를 닦고 막집 짓고 살더라고요. 막집 안에 화덕도 있고, 그 안에서 네 명도 살고, 열 명도 살고 그러던데요. 그런데 구석기 사람한테는 집 주보다 먹을 식이 먼저예요. 사냥이 그만큼 중요하단 얘기죠. 제가 지금 가지고 있는 이 뼈가 무슨 뼈인 줄 아세요? 이게 바로 제가 맞짱 떠서 잡은 하이에나의 3번 갈비뼈인데…….

동굴, 겨울엔 따뜻하고 여름엔 시원

사회자 아, 정말 죄송한데요, 사냥 이야기는 사양하겠습니다. 집 이야기 중에서 더 하실 말씀이 있나

승리산 사람

요? 좋은 집의 조건이라든가…….

만달 사람 승리산 우가님 좀 심하시네요. 여기가 무슨 〈스타킹〉 프로그램도 아니고. 암튼 동굴이라고 다 같은 동굴이 아니에요. 동굴 중에도 일등급 동굴이 있어요. 무엇보다 평지보다 약간 높은 곳에 있어야 해요. 그래야 짐승들의 공격을 막는데도 좋고, 사냥감을 살피는데도 좋거든요. 또 물에서 가깝고, 동굴 입구가 해가 잘 드는 동쪽이나 남쪽 방향이면 더 좋죠. 이렇게 아늑한 동굴 입구에서 제가 좀돌날을 만드는 겁니다. 좀돌날은 구석기 시대 석기의 혁명이라고나 할까요. 제가 지금 가지고 나온 요게 화살촉으로도 쓰이는…….

사회자 좀 놀랍네요. 만달 우가님도 승리산 우가님 못잖게 집요하신데요. 그런데 그 좋은 동굴을 버리고 자주 옮겨 다니시려면 많이 아쉽겠어요. 보통 구석기 시대 하면, 사냥과 채집을 하며 동굴에서 살다가 주변의 식량이 바닥나면 이동한다, 이렇게 정의를 하거든요.

승리산 사람 제가 동굴에 좀 살이 끼서 이는데, 생각하시는 것처럼 그렇게 자주 동굴을 옮기진 않아요. 나무 열매나 뿌리는 이듬해 또 생기기도 하고요, 정 없으면 좀 더 멀리 채집을 나가면 돼요. 하지만 사냥

역포 아이

감이 줄어들면 동굴에서 아주 멀리 떨어진 곳까지 가야 하니까, 할 수 없이 이사를 하게 되죠. 그러니까 사냥이 얼마나 중요하냐 하면…….

사회자 오우, 노! 사냥 이야기는 정말 됐습니다. 두 어른은 이제 좀 쉬시고요. 두 어린이에게 질문할게요. 엄마 아빠 중에 누가 더 좋아요?

역포 아이 그야 당근 엄마죠. 게다가 아빠는 누군지도 몰라요.

사회자 아, 그래요. 그럴 수도 있겠군요. 역포 아이가 살던 10만 년 전쯤에는 두세 가족이 한 동굴에서 한데 어울려 살았다고 하니까요.

홍수 아이 저는 아빠가 더 좋아요. 엄마는 만날 뭐 하지 말라고 잔소리만 하는데, 아빠는 맛있는 것도 많이 따다 주시고, 저를 정말로 예뻐해 주시거든요.

사회자 홍수 아이는 아무래도 역포 아이보다 몇만 년 더 시간이 흐른 뒤에 살아서 가족 개념이 더 뚜렷했나 보군요. 좀 더 많은 이야기를 하고 싶은데 시간이 너무 많이 지났군요. 마지막으로 꼭 하실 말씀이 있으신 분 한 분만 말씀해 주실래요?

승리산 사람 기자 양반, 다음에 우리 마을에 꼭 한 번 오세요. 제가 병만 우가보다 더 멋지게 사냥하는 모습을 보여 드릴게요. 조금도 연출 없이 진짜 맨손으로 하이에나를 한 방에 때려잡는 사냥의 법칙을 보여 드린다니까요.

사회자 제가 졌습니다. 승리산 우가님의 승리! 멀리서 와 주신 네 분께 다시 한 번 감사드리며 오늘 대담 이것으로 모두 마치겠습니다. 끝으로 사냥도 채집도 열심히 하시고, 다음에 신석기 시대에서 다시 만나기를 기원합니다. H

대담 후기

대담에 참여한 네 사람은 약 10만 년에서부터 4만 년 전까지 구석기 유적지에서 살았던 사람들로, 그곳에서 뼈가 발견된 사람들입니다. 대담이 진행된 후 일부 구석기 보수 단체에서 대담에 참여한 구석기인들이 주로 북쪽의 평양 근처 인사들이라며, 혹시 《특종! 달려라 한국사》 편집실이 종북(북한을 추종하는) 세력이 아니냐는 항의가 있었습니다. 네, 종북 맞습니다. 그런데 북한을 추종하는 종북이 아니라 좋은 어린이 북(book)을 추종하는 그런 종북입니다. 오해 없기를 바랍니다.

날씨와 생활

1만 년 전 한반도 오늘의 날씨

1만 년 전, 오늘의 날씨를 말씀드리겠습니다.
오늘부터 지구는 마지막 빙하기가 끝나고 후빙기로 접어들겠습니다.
후빙기가 시작됨에 따라 한반도는,
봄이 오면 강산에 꽃이 피고 여름이면 꽃들이 만발하고
가을이면 강산에 단풍 들고 겨울이면 아이들과 눈 장난을 할 수 있는
사계절이 뚜렷한 날씨가 될 것으로 전망됩니다.

또한 지구 온난화로 해수면이 상승함에 따라
한반도 주변이 바닷물에 잠길 것으로 보이는데요,
그동안 걸어서 대마도와 산동 반도를 오가셨던 분들은
배를 준비하셔야 할 것 같습니다.

생활 경제에도 큰 변화가 찾아올 것으로 보입니다.
물이 불어난 바다에 물고기와 조개가 철철 넘쳐 나서,
그동안 먹이 찾아 삼만 리 하셨던 구석기 분들은
저 푸른 바닷가에 그림 같은 움집을 짓고
사랑하는 가족과 함께 물고기 잡고
농사지으며 한평생 사실 수 있을 것으로 전망됩니다.

구석기가 끝나고 신석기가 시작되는 한반도에서
예쁜이 기상 캐스터 묵은지였습니다.

신석기 생활 정보

신석기 시대 이렇게 달라져요

바야흐로 신석기 시대다. 신석기 시대는 구석기 시대와 어떻게 다를까.
신석기 시대를 살아가는 데 도움이 되는 알짜배기 정보를 미리 알아봤다.

갈아 만든 간석기 사용

신석기 시대에는 '갈아서 만든 석기', 곧 간석기를 주로 사용한다. 구석기 시대는 뗀석기를 사용했는데, 신석기인들의 손 기술이 더욱 발전함에 따라 간석기를 발명하게 된 것이다. 간석기 종류에는 농기구, 고기잡이 도구, 생활 도구 등이 있다. 하지만 신석기 시대에도 뗀석기가 여전히 많이 사용되니 뗀석기로 엿 바꿔 먹기 없기.

새로운 일자리 고기잡이

신석기 시대에는 고기잡이가 가장 유망 직종으로 떠오를 듯. 물론 구석기 시대 때도 물고기를 잡긴 했지만, 바닷물이 불어난 신석기 시대에 와서 대표적인 생계형 일자리로 자리를 잡게 된다. 구석기 시대의 주요 경제 활동이 사냥과 채집이었다면, 신석기 시대는 고기잡이와 농사가 대신할 듯.

뿌린 대로 거두는 농사

신석기 시대 때 처음으로 농사를 짓기 시작했는데, 농사가 인류의 삶을 크게 바꿔 놓았다고 해서 '신석기 혁명'이라고 한다.

농사는 구석기 시대의 채집 활동과 견줄 수 있는 신석기 시대의 대표적인 창조 경제 활동으로, 인류 문화 발전에도 크게 기여할 것으로 기대된다.

길러서 잡아먹는 목축

개, 돼지 따위의 가축을 기르는 목축이 시작된다. 목축은 어느 영리한 사냥꾼이 좀 더 쉽게 고기를 먹을 수 없을까, 고민하다가 생각해 낸 것으로 추측된다. 신석기인들이 가장 먼저 기르기 시작한 동물은 개, 그다음은 돼지다. 목축을 시작한 이후 개는 인간과 가장 가까운 동물이 된다.

움집으로 어엿한 내 집 장만

구석기인들의 일반적인 생활 패턴이 동굴에서 지내면서 먹을거리를 찾아 이동 생활을 하는 거였다면, 신석기 시대에는 강이나 바닷가에 움집을 짓고 농사를 지으며 정착 생활을 하게 된다. 움집의 기본 구성원은 엄마 아빠와 자녀 두셋의 4~5인이 한 가정을 이루면서 단란하게 살아간다.

신석기 생활의 필수품, 토기

신석기인들은 움집에서 가까운 곳에서 고기잡이나 농사를 지으면서 먹을거리가 넉넉해지자, 남은 먹을거리를 보관할 필요를 느낀다. 그래서 물과 불에 강하고, 저장과 조리에 안성맞춤인 토기를 발명한다. 한반도에서 가장 대표적인 토기는 모양과 무늬가 예쁜 빗살무늬 토기가 될 듯. Ⓗ

체험 삶의 현장

새로운 일자리 고기잡이와 사냥

신석기 시대 들어 고기잡이가 새로운 생계 수단으로 떠올랐다.
사냥 또한 신무기 개발에 힘입어 여전히 인기를 끌고 있다.
신석기 시대의 주요 일터인 고기잡이와 사냥 현장을 직접 취재했다.

자, 떠나자 고기 잡으러

【부산 동삼동】 기원전 2천 년 전, 부산 동삼동 바닷가. 동삼동 바닷가는 이른 아침부터 고기를 잡기 위해 몰려나온 주민들로 시끌벅적하다. 낚시를 챙겨 온 아저씨, 그물을 어깨에 걸치고 나온 청년, 작살을 들고 나온 앳된 소년들 그리고 빗살무늬 토기를 들고 따라 나온 부녀자들까지, 모습도 각양각색이다. 오늘은 또 얼마나 많은 물고기를 잡을 수 있을까.

고기잡이가 신석기 주민들의 중요한 밥벌이 수단으로 자리 잡은 지도 수천 년의 세월이 흘렀다. 약 1만 년 전 빙하기가 끝나고 간빙기가 시작되자, 북극의 얼음이 녹아 바닷물이 엄청 불어났다. 그러자 불어난 바다에 물고기와 조개들이 넘쳐 났다. 신석기 주민들은 새로운 먹을거리를 쫓아 산에서 바닷가로 내려왔다. 그들은 그곳에다 움집을 짓고, 물고기를 잡으며 살기 시작했다.

물고기는 고소하고 담백했다. 잡을 때 맹수처럼 위험하지도 않았다. 잡아도, 잡아도 또 몰려들었다. 못생긴 대구, 어여쁜 참돔, 납작이 광어에서 아싸 가오리까지, 종류만도 수십 가지가 넘었다.

조개도 풍년이었다. 굴, 홍합, 바지락, 소라, 이건 뭐 물고기보다 잡기가 더 쉬웠다. 부녀자와 어린아이들도 바다에 나와 조개를 잡았다. 넘쳐 나는 바다 음식 덕분에 신석기 주민들의 식단은 풍성해지고, 몸은 살쪘다. 이렇게 좋을 수가!

35

그물, 낚시, 작살을 나눠 가지고

"자, 그럼 고기잡이를 시작해 볼까?"

족장 할아버지의 말에 따라 20여 명의 주민들이 저마다 도구를 챙겨 들었다. 먼저 10여 명의 청장년들이 그물을 들고 바다로 들어갔다. 나머지 몇 명은 작살조로 빠지고, 노인과 사내아이들은 낚시하기 위해 바위에 자리를 잡았다.

나는 우선 그물 낚시 체험부터 해 보기로 했다. 그물로 고기를 잡는 건 다 차려진 밥상에 숟가락 하나 얹는 것만큼 쉬운 일이다. 물가의 사람들은 긴 그물을 펴서 물고기를 막고 있고, 깊은 쪽 사람들은 고기를 몰아 서로 좁혀 가며 그물을 모아 고기를 잡는데, 그 사람들 사이에 적당히 묻어가면 되는 것이다. 하지만 그물 낚시도 여러 가지 도구가 발달한 덕분에 가능했다. 삼으로 실을 만들어 그물을 짜고, 작은 강돌로 그물추를 매달아 완성하는 기술이 없었다면, 이런 그물 낚시를 상상이나 했겠는가.

나는 그물 낚시질을 체험하고 나서 얕은 바닷가로 나왔다. 뼈 작살을 가지고 물고기를 잡아 보기 위해서다. 작살은 나무 자루에 화살촉이나 동물 뼈를 이어 붙여 만드는데, 이 작살에 한 번 꽂히면 물고기는 말 그대로 작살이 난다.

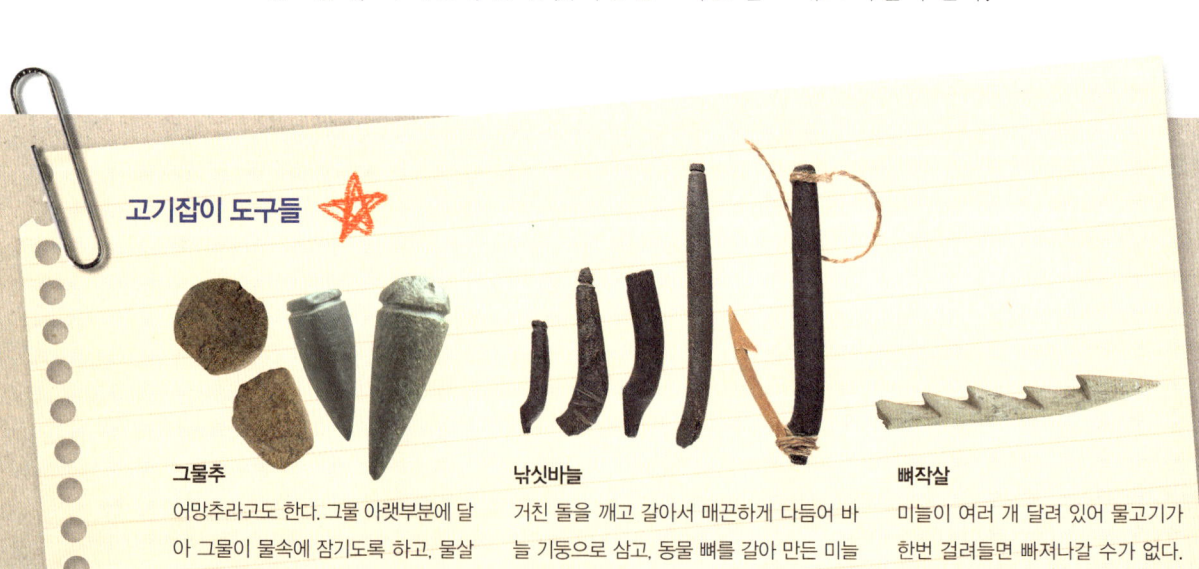

고기잡이 도구들

그물추
어망추라고도 한다. 그물 아랫부분에 달아 그물이 물속에 잠기도록 하고, 물살에 쓸려 내려가지 않도록 중심을 잡는 데 이용한다.

낚싯바늘
거친 돌을 깨고 갈아서 매끈하게 다듬어 바늘 기둥으로 삼고, 동물 뼈를 갈아 만든 미늘을 끈으로 엮어 만든다. 이를 정확히는 결합식 낚싯바늘이라고 한다.

뼈작살
미늘이 여러 개 달려 있어 물고기가 한번 걸려들면 빠져나갈 수가 없다. 주로 물고기나 짐승의 뼈를 깎아서 만든다.

작살질은 생각보다 쉽지 않았다. 힘과 기술, 집중력과 순발력이 함께 요구되는 가장 어려운 작업이다. 그 가운데 가장 중요한 건 스피드. 헤엄치는 물고기의 흐름을 유유히 따라가다가 벌처럼 잽싸게 작살을 내리꽂아야 한다. 나는 여러 번 헛손질 끝에 청어 한 마리를 명중시켰다. 물고기한텐 미안한 일이지만 작살이 물고기를 뚫고 들어갈 때의 손맛은 짜릿하기 그지없다.

나는 갯바위에서 낚시를 하고 있는 할아버지와 손자한테로 갔다. 낚싯대를 하나 받아들고 낚싯줄을 던졌다. 날카롭게 뼈를 갈아 만든 미늘이며 돌로 만든 대롱까지, 낚싯바늘은 정말 고기잡이 도구 발전의 끝판을 보여 주는 것 같았다.

물고기도 아주 잘 잡혔다. 비록 큰 물고기는 아니었지만 나는 한 시간 만에 참돔 예닐곱 마리를 낚아 올렸다. 낚시하면 또 나, 특종을 낚는 이 기자 아닌가!

남자들이 물고기를 잡는 동안 부녀자와 아이들은 갯벌에서 조개를 잡았다. 올해는 굴도 풍년이다. 여기저기 바위 뒤에 숨어 있는 굴을 아이들은 잘도 찾아냈다. 어떤 아주머니는 제법 깊은 물속에 잠수를 해서 전복을 따 가지고 나왔다.

조개무지

조개무지는 한마디로 신석기 시대 사람들의 보물 창고라고 할 수 있다. 조개무지를 살펴보면, 신석기 시대 사람들이 무엇을 먹고, 어떤 모습으로, 어떻게 살았는지 알 수 있다. 조개무지는 강이나 바닷가에 살던 선사 시대 사람들이 버린 조개, 굴 등의 껍데기가 쌓여서 무덤이나 구릉처럼 만들어진 유적이다. 조개껍질의 석회질 때문에 그 안에 있는 토기, 석기, 짐승의 뼈와 뿔 등을 잘 보전하고 있어서, 고고학에서 귀중한 연구 자료가 된다. 신석기 시대 사람들은 갯벌에서 조개를 캐서 먹었는데, 조개는 금세 상하기 쉬워 여럿이 함께 불에 구워 먹었다.

해가 중천에 뜰 무렵, 바닷가 모래밭 한편에서는 불을 피워 물고기와 조개를 굽기 시작했다. 배 속에서는 연신 꼬르륵 소리가 나고, 입안에서는 침이 콸콸 고였지만, 다른 곳에 취재 약속이 있어서 마을 주민들께 인사를 하고 서둘러 그곳을 빠져나왔다.

(사실 그곳을 떠나기 이삼 분 전, 아주머니께서 건네준 굴 하나를 까서 입에 털어 넣었다. 굴은 혀에 닿자마자 사르르 녹았다. 비릿하고 짭조름한 굴 향기. 아, 천연 무공해 유기농 자연산 굴 맛이라니! 그건 차라리 굴 맛이 아니라 꿀맛이었다.)

화살, 준비하고 쏘세요!

【제주 고산리】 부산 동삼동을 떠나 기자가 다음으로 찾아간 곳은 신석기 시대 사냥터인 제주도 고산리. 한반도에서 신석기 문화가 가장 먼저 시작된 것으로 추정되는 곳이다.

제주도 고산리는 해발 15미터쯤에 있는 대평원이다. 북쪽엔 바다와 잇닿은 절벽이 있고, 남쪽으로는 키 작은 나무들과 억새가 무성한 평원이 펼쳐져 있다. 고산리 언덕에서 바라보는 제주의 바다는 부산에서 보던 바다와 또 다른 맛이 있다. 바다 밑에 검은 현무암이 있어서 그런지 물빛이 검푸르게 보였다.

마침 활과 화살을 메고 사냥을 나서는 마을 주민들을 만났다.

"오늘은 어떤 짐승을 사냥하러 가나요?"

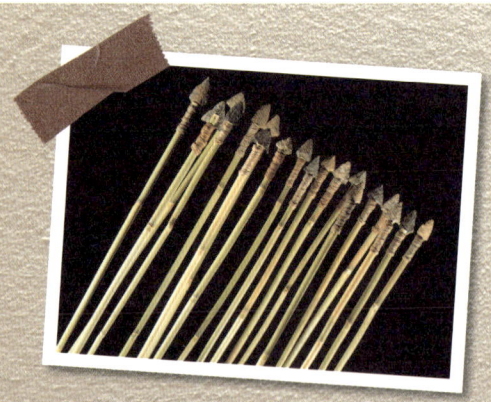

신석기 사냥 도구, 활과 화살촉

화살촉 재질이 단단한 흑요석을 작고 정교하게 다듬어 만든다. 화살대에 연결하기 쉽게 끝을 오목하게 만든 것일수록 더 발달된 형태이다.

활 탄력이 뛰어난 나무를 잘 다듬어서 짐승의 심줄 같은 것으로 만든 질긴 끈을 양 끝에 묶어 만든다.

"사슴, 노루, 멧돼지, 뭐 닥치는 대로지요."

'오, 저 넘치는 자신감은 뭐지? 최신 병기 활 때문인가?'

활과 화살은 구석기 시대 말에 발명되었지만, 신석기 시대에 와서 널리 쓰이기 시작했다. 노루, 사슴, 고라니, 오소리, 토끼 같은 작고 발이 빠른 사냥감이 늘어나면서 무기도 따라서 발전한 것이다. 활의 강점은 무엇보다 고탄력 활줄에서 강하게 튕겨 날아가는 돌화살촉으로 사냥감을 멀리서도 잡을 수 있다는 점이다.

사슴과 노루, 멧돼지가 대세

고산리의 신석기 사냥꾼들이 넓은 평원에 낮게 자란 풀을 헤치고 조심스레 사냥감을 찾아 나섰다. 마침 운이 좋게도 저 멀리 낮은 잡목 사이로 사슴 몇 마리가 한가로이 풀을 뜯고 있었다. 사냥꾼들은 사슴이 눈치 채지 못하게 살금살금 다가갔다. 하지만 귀 밝은 사슴은 금세 인기척을 느끼고, 걸음아 날 살려라 하고 달아났다. 그제야 사냥꾼들이 허겁지겁 화살을 쏘았지만, 사슴을 맞히기에는 어림도 없었다.

그런데 그때, 사슴 한 마리가 허둥대다가 키 낮은 잡목 가지에 뿔이 걸리고 말았다. 사냥꾼들은 기회는 이때다 싶어 뿔을 빼려고 이리저리 날뛰는 사슴을 향해 잽싸게 화살을 쏘았다. 피융 하고 날아간 화살 하나가 사슴의 가슴과 배 사이에 정확히 꽂혔다. 화살을 맞은 사슴은 몇 발작 움직이더니 풀숲에 푹 고꾸라졌다.

'아, 뿔이 길어 슬픈 짐승이여!'

신석기 인류는 변화된 환경에 빠르게 적응해 나가고 있다. 물고기가 늘어나면 낚시 도구를 만들어 물고기를 잡고, 사냥감이 쏜살같이 달아나면 활과 화살로 명중시키면서. ⓗ

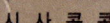

시사 콕 콕

신석기 시대, 농업 혁명이 시작됐다

독자들의 궁금증을 콕콕 짚어 주는 시사콕콕. 이번 시간에는 요즘 핫이슈로 떠오른 농업 혁명에 대해 살펴보기로 한다. 농업이 신석기 시대 사람들의 삶에 어떤 영향을 미쳤는지 실시간으로 탈탈 털어서 알려 주겠다.

농사는 곧 신석기 혁명

약 1만 전 빙하기가 끝나고 나자 우리 주변에는 엄청난 변화가 몰려옵니다. 앞의 기사에서 보신 대로 고기잡이가 중요한 생계 수단으로 발전하면서 신석기 주민들이 바닷가나 강가에 움집을 짓고 정착 생활을 하게 되지요. 여기서 더 나아가 땅을 일구고 씨를 뿌려 본격적으로 농사를 짓기 시작합니다. 농사는 우리 인류의 삶을 크게 바꾸어 놓았다고 해서 '혁명'이라고까지 부릅니다.

자, 그럼 지금부터 준비된 기자인 제가 농업 혁명의 궁금증을 낱낱이 풀어 드리겠습니다. 오늘 이 자리에는 이따금씩 날카로운 질문으로 제 마음을 콕콕 찌르는 총기 발랄한 리포터가 나와 있습니다. 자, 무엇이든 물어보세요.

Q 농사의 시작을 농업 혁명이라고 하는데, 왜 그런가요?

"혁명이라고 하면 획기적인 변화를 뜻합니다. 신석기 시대 들어 농사가 시작되면서 주민 생활에 획기적인 변화들이 나타났다, 이런 의미죠."

Q 그러니까 그게 어떤 변화였나요?

"예컨대 신석기 주민들이 정착 생활을 하는 데 큰 영향을 끼쳤고요, 신석기 후기 들어서는 남아도는 곡식이 생기면서 더 많은 곡식을 차지한 자가 더 큰 힘을 갖게 되고요. 농사로 엄청난 식량을 생산하면서 인구가 급속도로 늘어나지요.

Q 그렇다면 농사는 정확히 언제부터 시작된 건가요?

"약 1만 년 전을 전후해 빙하기가 끝나고, 지구 온도가 따뜻해지면서 다양한 식물이 생겨난 뒤부터라고 보고 있습니다."

Q 신석기 시대 때 한반도에서 기르던 곡식은 어떤 게 있나요?

"조, 피, 기장, 수수 따위의 밭작물 위주였습니다."

Q 신석기 주민들은 어떤 방식으로 농사를 지었나요?

"밭에다 불을 질러 그 재로 거름을 삼고, 밭을 일구는 화전 농사를 지었는데, 이를 화경 농법이라고 합니다."

Q 신석기 시대에는 어떤 농기구들을 사용했나요?

"돌로 만든 괭이나 보습, 돌도끼 따위의 도구로 농사를 지었는데요, 아래 사진 자료와 함께 자세히 설명해 드리겠습니다."

간석기 도구들

돌괭이 땅을 파거나 흙을 고르는 데 사용.

돌보습 돌괭이와 비슷하게 쓰이거나 밭을 갈 때 사용.

돌도끼 나무를 베고 다듬는 데 사용.

돌낫 잡초를 베거나 다 자란 이삭을 따는 데 사용.

갈돌과 갈판 거둔 이삭이나 알곡을 가루로 만드는 데 사용.

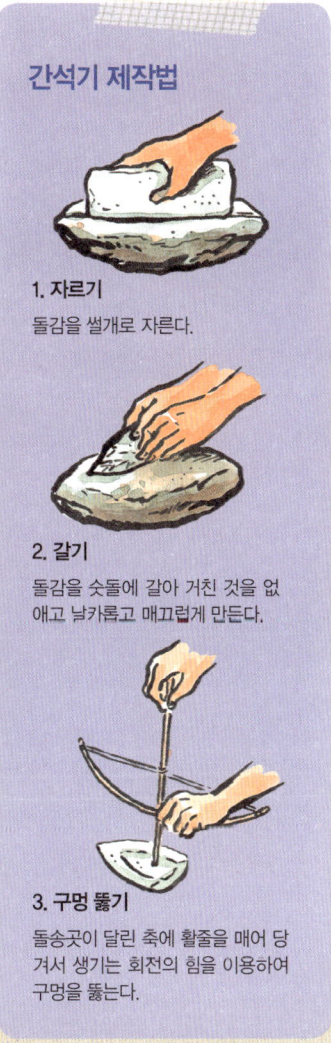

간석기 제작법

1. 자르기 돌감을 썰개로 자른다.

2. 갈기 돌감을 숫돌에 갈아 거친 것을 없애고 날카롭고 매끄럽게 만든다.

3. 구멍 뚫기 돌송곳이 달린 축에 활줄을 매어 당겨서 생기는 회전의 힘을 이용하여 구멍을 뚫는다.

한반도에서 벼농사는 언제부터

Q 그럼 조, 피, 수수 따위의 밭농사 말고 벼농사는 언제부터 지었나요?

"신석기 시대 후기부터 벼농사가 시작됐다고 보고 있어요."

Q 그 근거는 뭔가요?

"한반도 여러 지역에서 볍씨가 발견됐는데, 그중에서도 1991년에 충북대학교 박물관 조사팀에 의해 경기도 고양 지역에서 발견된 19개의 볍씨 중 5개가 무려 4,000여 년 전 것으로 밝혀졌어요. 이 때문에 벼농사 시작 시기를 신석기 시대 후기로 보게 됐지요."

Q 그럼 한반도에는 어떻게 벼가 들어왔나요?

"여러 설이 있는데, 중국에서 한반도로 들어왔다는 설이 거의 맞을 거예요. 얼마 전 양쯔강 유역에서 11,000년 전 볍씨가 출토됐걸랑요. 다음으로 넘어가죠."

Q 이 기자님, 혹시 소로리라고 들어 보셨나요?

"오소리는 들어 봤습니다만."

Q 충북 청주시 소로리에서 볍씨가 출토됐는데, 서울대학교와 미국의 권위 있는 연구 기관에서 방사선 탄소 연대 측정법으로 연대를 측정한 결과, 적어도 13,000년 전에 형성된 토탄층에서 검출된 것으로 나왔어요.

"그때라면 저도 살아 봐서 아는데, 한반도는 구석기 시대예요. 그런데 무슨 벼농사를 지었다는 겁니까?"

Q 소로리 볍씨가 세계에서 가장 오래된 볍씨라고 세계 학계와 언론에 이미 발표가 됐는데요.

"그게 사실이라면 고고학계를 발칵 뒤집을 만큼 획기적인 발견인데, 왜 저만 몰랐죠?"

청주 소로리 유적지

Q 이 기자님이 모르는 거야 제가 어떻게 알겠어요. 하지만 소로리 볍씨를 발굴한 교수님은 이렇게 말씀하시더라고요. "너무 흥분할 필요 없다. 지금까지 발굴된 볍씨 중에서 가장 오래됐다는 것이지, 세계 최고라거나 벼농사의 기원이 한반도라고 단정 짓긴 어렵다. 왜냐하면 동남아 어딘가에 소로리보다 더 오래된 볍씨가 묻혀 있을 수도 있고, 그곳에서 이쪽으로 벼가 전파됐을 수도 있으니까."라고 말입니다.

"아무튼 소로리 볍씨 발견은 참으로 놀라운 일이군요. 새로운 사실을 알게 해 줘서 고맙습니다. 그럼 오늘 시사콕콕은 여기서 마치겠습니다."

농업 혁명은 불의 발견에 비유될 정도

신석기 문화는 농경과 함께 발전했습니다. 어떤 이는 신석기 시대의 농업 혁명을 구석기 시대에서 불을 발견한 것에 비유하기도 합니다. 그만큼 인류에게 큰 혜택을 주었다는 뜻이겠죠.

끝으로 사과 말씀을 좀 드리자면, 원래는 이번 시사콕콕 시간에 신석기 시대의 중요한 변화를 이끌었던 목축에 대해서도 함께 이야기를 하려고 했습니다. 그런데 오소리, 아니 소로리 볍씨 이야기 때문에 미처 하지 못했습니다.

짧게 요점만 말씀드리면, 가장 처음 가축이 된 대상은 개였는데, 개는 주로 다른 짐승을 잡는 사냥개로 사육되었습니다. 그 다음은 돼지로서 주로 식용으로 사육되었고, 그 뒤를 이어 노동력을 제공하는 소와 말이 가축이 되었답니다. ⓗ

암사동 신석기 마을에 사는 열세 살 소녀의 일기를 《특종! 달려라 한국사》에서 어렵사리 구했다. 일기 속에는 신석기 시대 마을 사람들의 소소한 일상과 열세 살 사춘기 소녀의 예민한 감수성이 절절히 묻어 있다.

기원전 2013년 8월 27일 날씨 맑음

새 움집 짓는 날

오늘 우리 집을 새로 지었다. 아침부터 옆집에 사는 땅딸이 삼촌과 긴 머리 삼촌이 아빠를 도와주었다. 나도 열심히 아빠 심부름을 했다. 내가 계속 미안한 얼굴을 하고 있자, 아빠가 괜찮다며 웃어 주었다. 그래도 미안한 건 미안한 거다. 이게 다 나 때문에 벌어진 일이니까.

며칠 전, 아빠는 고기 잡으러 강에 가시고 엄마는 뒷동산에 열매 따러 갔을 때다. 동생과 같이 집에 있었는데, 화덕에 남은 불씨를 가지고 장난을 치다가 그만 불씨가 짚으로 된 벽에 옮겨 붙었다. 다행히 동생과 나는 얼른 빠져나와 무사했지만, 그 바람에 집을 홀라당 태워 먹고 말았다.

그나마 내 허리만큼 깊이로 바닥을 판 자리는 그대로 있어서 다시 집을 짓는 데 힘이 덜 들었다. 아빠는 바닥을 판판하게 고르고 다진 다음 그 위에 진흙을 한두 겹 덧바르고, 횃불로 그 위를 구웠다. 그래야 바닥이 더 단단하게 다져진다고 했다.

방 한편에는 둥그스름한 꼴로 바닥을 조금 파낸 뒤, 진흙 덩어리나 강돌을 그 둘레에 둥글게 세워 화덕을 만들었다. 전에는 화덕이 방 가운데 있었는데, 요즘은 방 한편에 화덕을 만드는 게 유행이란다.

그러고는 벽 쪽에 기둥을 세우고, 서까래를 움집 바깥 땅바닥까지 비스듬히 얹고, 마지막으로 나무줄기와 풀을 엮어 지붕을 얹었더니 새 집이 완성됐다. 지붕 한쪽엔 조그만 문을 만들어서 사람이 드나들 수 있게 했다. 집이 없어서 며칠 동안 고생했는데, 새 집이 생겨서 정말 좋다.

기원전 2013년 9월 30일 날씨 시원함

내가 빚은 빗살무늬 토기

　오늘은 우리 마을에서 토기를 굽는 날이다. 토기는 습기가 없고 건조한 이맘때 가을에 만드는 게 안성맞춤이다. 나는 아침을 먹자마자 가마터로 달려갔다. 손이 고운 삼촌은 벌써 땀을 뻘뻘 흘리며 토기를 만들고 있었다.

　지난번 우리 집이 홀랑 타 버렸을 때 토기들도 모두 박살이 나서 이참에 왕창 새로 만들어야 했다. 삼촌은 토기 만드는 솜씨도 좋고 얼굴도 짱이어서, 동네 언니들이 삼촌한테 잘 보이려고 아주 난리도 아니다. 물론 나도 그 가운데 한 사람이지만.

　나는 내가 좋아하는 빗살무늬 토기를 만들었다.(사실 토기를 빚는 일은 주로 여자들이 했다.) 받침대를 펴고 커다란 나뭇잎을 그 위에 깐 뒤 잘 다져진 진흙을 길게 돌돌 말아 하나하나 위로 올려가며 테쌓기를 했다. 내가 맨 밑 뾰족한 부분을 마무리할 때는 잘 못하니까 삼촌이 도와주었다.

　그런데 삼촌 손가락이 내 손에 살짝살짝 미끄러져 닿을 때마다 가슴이 콩닥콩닥 뛰었다.(엄마가 이 일기장 보면 안 되는데.) 나는 떨리는 가슴을 겨우 달래며 토기 겉면에 빗살무늬와 물결무늬를 새겨 넣었다.

　그러고는 토기를 시원한 그늘에서 잘 말린 뒤 불에 구웠다. 삼촌은 불가에서 연신 이마에 굵은 땀을 흘렸다. 그 모습은 또 왜 그리 멋지던지. 나도 이다음에 크면 삼촌처럼 멋진 토기장이가 되고 싶다. 물론 삼촌한테 시집가면 더 좋고.♥

기원전 2013년 10월 26일 날씨 맑음

산에 산에는 맛있는 도토리

엄마랑 마을 아주머니들이랑 뒷산에 열매를 따러 갔다. 나는 지난번 가마터에서 만든 빗살무늬 토기를 어깨에 비껴 메고 따라갔다. 토기를 볼 때마다 삼촌 생각이 나서 슬펐다. 이상하다. 왜 좋아하는 사람을 생각하면 기뻐야지, 슬퍼지는 걸까? 그래도 산에서 신선한 공기를 마시니까 기분이 좋아졌다.

멍멍이도 신이 났는지 촐랑대며 따라왔다. 멍멍이는 원래 들개였는데, 올봄부터 우리 마을에서 다 같이 길렀다. 고 녀석은 유난히 나만 따랐다. 강에 갔다 돌아오면 멍멍멍, 반갑다고 꼬리 치며 멍멍멍. 녀석도 예쁜 건 알아 가지고.ㅋㅋ

산에는 없는 게 없다. 봄에는 빨간 산딸기 열매가 열리고, 여름이면 뽕나무에서 오디가 열린다. 오디는 정말 맛있다. 얼마나 단지, 먹다 보면 입술이 새까맣게 되는지도 모르고 자꾸 손이 간다. 요즘 같은 가을이면 머루랑 다래를 따 먹느라 정신이 없다. 아이고, 먹는 얘기했더니 침이 꼴깍 넘어가네.

참나무 아래에는 이미 도토리가 많이 떨어져 있었다. 나는 도토리를 주워 빗살무늬 토기에 담았다. 엄마는 이 도토리를 갈판에 갈아서 물에 불렸다가 맛있는 도토리묵을 쑤어 주시겠지. 멍멍이가 도토리를 한 개 깨물더니 바로 토해 냈다. 도토리는 그냥 먹으면 무지 떫다. 그래서 물에 우려먹거나 불에 데워 먹어야 한다.

내가 도토리와 밤을 줍는 동안 엄마는 삼나무를 잘랐다. 겨울에 식구들이 입을 두꺼운 삼베옷을 만들려면 지금부터 삼나무 껍질로 실을 자서 베를 짜야 한단다.

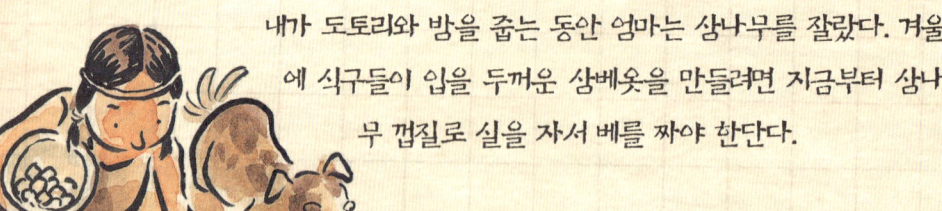

기원전 2013년 11월 11일 날씨 쌀쌀

머리부터 발끝까지 멋을 내고

　엄마가 만들어 준 예쁜 삼베옷을 입어 보았다. 모양도 예쁘고 크기도 꼭 맞았다. 지난번 산에서 가져온 삼나무를 엄마는 물에 불렸다가 껍질을 살살 벗겨 낸 뒤, 그걸 삶아서 손톱으로 쪼갰다. 그러고는 서로 엉키지 않게 한쪽 끝을 기다란 막대에 묶고, 가락바퀴 구멍에 가느다란 막대를 움직이지 않게 끼운 뒤 한 줄씩 뽑아 이으면서 실을 자았다. 휴, 설명하기도 이리 어려운데 직접 실 잣고 삼베 짜느라 엄마는 얼마나 힘들었을까.

　떡 본 김에 제사 지낸다고, 나는 새 옷을 차려입은 김에 내가 좋아하는 삼촌을 보러 가야겠다고 생각했다. 옷 자랑도 자랑이지만, 무엇보다 삼촌 본 지도 벌써 보름이 넘어 얼른 보고 싶었기 때문이다.

　나는 긴 생머리가 흘러내리지 않게 머리에 끈을 두르고 깃털로 장식을 했다. 그리고 예쁜 조개껍질로 만든 목걸이와 팔찌로 치장을 하고, 발에는 짐승의 송곳니로 만든 발찌를 찼다. 머리에서 발끝까지 준비 끝!

　그런데 가는 날이 장날이라더니, 삼촌이 수수밭에 수수 따러 가고 집에 없었다. 나는 실의에 빠진 채 발길을 돌려 터덜터덜 힘없이 강가로 내려갔다. 그때 어떻게 알고 왔는지 멍멍이가 멍멍 짖으며 내게로 달려왔다. 그러더니 마구 내 몸 여기저기를 핥으며 까불어 댔다. 우리 둘은 저녁 어스름이 깔리는 강둑길을 앞서거니 뒤서거니 하며 신 나게 달려갔다.

기원전 2013년 12월 31일 날씨 눈

사냥에서 돌아오지 않은 멍멍이

아빠랑 마을 삼촌들이 모두 사냥을 나갔다. 요즘은 추수도 끝나고 강물도 차가워서 마을 어른들이 뒷산으로 사냥을 자주 가는데, 사냥 갈 땐 멍멍이도 꼭 데려간다. 멍멍이가 사냥에 아주 뛰어났기 때문이다.

땅거미가 지는 저녁 어스름, 눈을 맞으며 오늘은 뭘 잡아올까 눈이 빠지게 기다리는데, 마을 어귀에서 어른들이 멧돼지 한 마리를 둘러메고 돌아오고 있었다. 그런데 멍멍이가 안 보였다.

"멍멍이는요?"

내 물음에 아빠는 아무런 대답이 없었다. 덜컥 불길한 생각이 들었다.

"우리 멍멍이, 멍멍이 어디 있냐고요?"

"멧돼지한테 받쳐서 그만……. 미안하다."

그 말에 눈물이 왈칵 쏟아졌다. 그러면서 그동안 멍멍이와 함께했던 시간들이 주마등처럼 눈앞을 스쳐 갔다. 기쁠 때나 슬플 때나 늘 내 곁에 있어 준 멍멍이였다. 내가 밥도 안 먹고 밤늦게까지 자지러지게 울어 대니까, 엄마가 삼촌을 데려왔다.(뭐야, 내 일기장이라도 본 거야?) 삼촌을 보니까 눈물이 더 많이 터져 나왔다. 엉엉~.

"그만 일어나! 뭔 꿈을 꾸기에 자다 말고 눈물바람이야?"

그 소리에 눈을 번쩍 떴다. 밖에는 새하얀 눈이 펄펄 내리고 있었다. 그 눈 속을 멍멍이가 촐랑대며 뛰어다녔다.

움집분양광고

암사동 모래안, 매진 임박!
뜨거운 성원에 감사드립니다

"모래안에서 힐링하세요"

한강변 최고의 입지를 자랑하는 암사동에
고품격 움집 단지, 모래안이 들어섭니다.
분양가를 대폭 할인해 드리는 이번 기회를 절대 놓치지 마시기 바랍니다.

암사동 모래안만의 특장점

뒤에는 **산**, 앞에는 강이 흐르는 **최고의 전망**.
강과 산, 밭 등 일터와 가까운 **접근성**.
바닥 다진 뒤 열처리하는 **최첨단 바닥 시공**.
올해 수확한 **최고급 짚단 재료 사용**.
수백 년 움집을 지어 온 모래안만의
건축 기술 노하우.

분양 평수 : 18㎡(4~5인 가족 기준),
50㎡(8~9인용)
분양 문의 : 암사동 모래안 현장 사무소

특집

- ◆ 청동기 시대, 이렇게 달라져요
- ◆ 청동기 시대 농경 마을을 찾아서
- ◆ 한반도 청동기의 은밀한 내력
- ◆ 한반도는 ○○○ 왕국
- ◆ 단군왕검, 고조선을 세우다
- ◆ 범금팔조로 사회 기강 확립!
- ◆ 위만조선 시대가 열리다
- ◆ 단군조선, 신화인가 역사인가

청동기와 고조선 이야기

수백만 년 이어 온 석기 시대가 끝나고 바야흐로 청동기 시대가 문을 열었다. 청동기 사람들은 논밭에서 농사를 짓고, 구리와 주석을 섞어 청동 검을 만들고, 곳곳에 독특한 모양의 고인돌을 세웠다. 청동기 문화가 한창 꽃을 피우던 시기에 우리 민족 최초의 국가인 고조선이 건국되었다.
새로운 시대를 열어 가는 청동기와 고조선의 속살을 속속들이 살펴본다.

청동기생활정보

청동기 시대, 이렇게 달라져요

청동기 시대가 어떤 시대인지 궁금하다고요? 그렇다면 청동기 시대 대표 신상 3종 세트와
몇 가지 중요한 법과 제도만 알아 둬도 청동기 시대에 살아남을 걱정은 뚝!

청동기 시대 신상 베스트 3

비파형 동검

청동기 시대를 대표하는 단검으로, 중국의 현악기인 비파 모양과 비슷하다고 해서 비파형 동검이라 한다. 요령 지방에서 많이 유행해서 '요령식 동검'이라고도 한다. 검의 길이는 약 35센티미터이고, 검과 손잡이를 결합해서 쓰는 결합식이다. 비파형 동검은 이름처럼 감미롭지만은 않다. 찔렀을 때 피가 잘 흘러나오도록 검 몸에 홈을 파 놓았을 만큼 살벌하다.

미송리형 토기

빗살무늬 토기는 가라! 청동기 시대에는 무늬 없는 토기가 유행하는데, 평안북도 의주 미송리에서 유행하는 미송리형 토기도 무늬 없는 토기 중 하나다. 밑바닥이 평평하고 몸통이 통통하며, 목이 올라가면서 넓어지는 모양을 하고 있다. 색깔은 갈색 또는 회갈색을 띤다. 무늬 없는 토기는 비파형 동검과 함께 우리나라 청동기 문화를 대표하는 유물이다.

고창 죽림리 고인돌

고인돌

청동기 시대 들어 등장한 독특한 형식의 돌무덤이다. 고인돌은 모양에 따라 탁자식과 바둑판식으로 나뉘는데, 부족장의 무덤이나 가족 무덤, 또는 제사를 지내던 제단으로 사용된다. 고인돌은 비단 우리나라에만 있는 건 아니다.

하지만 전 세계 고인돌의 40퍼센트 이상이 한반도에 몰려 있어 앞으로 한반도는 고인돌 왕국으로 우뚝 설 듯하다.

신설되는 법과 제도

사유 재산, 내 재산은 내 것!

내가 수확한 곡식을 내가 다 갖고 싶다고? 이제부터 그래도 된다. 이전에는 안 그랬다. 다 함께 일하고 똑같이 나눠 가져야 했다. 하지만 신석기 후기 들어 개인별로 농사를 짓게 되면서부터 내 것, 네 것 구분이 생겨났다. 이른바 사유 재산이 인정되는 사회가 된 거다. 농업 발달로 생산량이 늘어남에 따라 부자와 가난한 자의 격차는 갈수록 더 벌어질 전망이다.

신분 사회, 너와 나는 신분이 달라!

청동기 사회 들어 사람 사이에 신분 차이가 생겨난다. 신석기 시대까지만 해도 신분 차이가 없었다. 씨족장이 있었지만 그냥 공동체의 리더일 뿐이었지 결코 지배자가 아니었다. 하지만 청동기 시대 들면서 부와 권력을 동시에 쥔 지배 세력이 나타난다. 이제 세상에는 두 부류의 사람만이 존재하게 된다. 지배하는 자와 지배받는 자. 여러분은 어느 쪽?

범금팔조, 재산을 지켜라!

사유 재산과 신분 차이가 생겨나면서 고조선 사회가 더욱 복잡해진다. 이에 따라 사회 질서를 유지하기 위한 법이 제정된다. 이름 하여 범금팔조. 여덟 개 조항 가운데 중요한 세 조항을 짚어 보면, 살인한 사람은 사형에 처하고, 남을 다치게 한 사람은 곡식으로 갚아야 하고, 도둑질한 사람은 물건을 훔친 집의 노예가 되어야 한다. 갚을 곡식이 없거나 노예가 되고 싶지 않으면 그냥 쥐 죽은 듯 살자. Ⓗ

현장 출동!

청동기 시대 농경 마을을 찾아서

농사가 인류의 최첨단 산업이자 청동기 사람들의 주요 소득원으로 자리 잡고 있다. 과학적인 농경 기술로 최고의 수익을 올리며 살아가는 청동기 시대의 한 농경 마을을 찾았다.

청동기 시대는 농업이 대세

《특종! 달려라 한국사》독자 여러분 안녕하세요? 지금 여러분이 보고 있는 곳은 진주 남강 변에 자리한 대평 마을입니다. 이곳 청동기 농경 마을에서 농사를 아주 크게 짓고 있다고 해서 찾아와 봤는데요, 한눈에 봐도 논밭이 엄청 넓긴 넓군요.

그럼 본격적으로 청동기 농경 마을 구경에 나서 볼까요? 지금 제가 서 있는 이곳이 마을 뒷산입니다. 여기서 내려다보니까 멀리 남강이 눈에 들어오고요, 강을 끼고 수천 평의 논밭이 펼쳐지고, 그 옆으로 대규모 마을이 자리 잡고 있는 게 보입니다.

제가 그동안 청동기 농경 마을을 취재하면서 여주 흔암리, 부여 송국리, 울산 검단리, 평양 근교의 남경 마을까지 다 다녀 봤지만, 이렇게 큰 농경 마을은 처음 봅니다. 그럼, 산을 내려가서 밭을 일구고 씨를 뿌리는 분들을 만나 보겠습니다.

자, 저는 지금 대평 마을을 지나 남강 변에 자리한 넓디넓은 벌판에 서 있습니다. 남강이 흘러넘치면서 기름진 땅으로 만들어 놓은 곳인데요, 마치 이집트의 나일 강변이나 유프라테스와 티그리스 강이 선물한 메소포타미아의 비옥한 평야 같아 보입니다.

한쪽에서는 씨를 뿌리기 위해 열심히 밭을 갈고 있는 모습이 보이고요, 다른 한쪽에서는 겨우내 추위를 뚫고 자라난 보리가 파릇파릇하게 자라는 모습이 보입니다. 그럼, 열심히 밭을 갈고 있는 농민 한 분을 만나 보겠습니다.

내 밭에서 농사를 지어요

Q 안녕하세요? 지금 무슨 일을 하시는 거죠?

"씨를 뿌리기 위해 밭을 갈고 있다오."

Q 근데 제가 예전에 신석기 마을에서 볼 때는 밭 모양이 이렇지 않았는데.

"허허. 청동기 시대는 농사가 과학 아닙니까. 이렇게 고랑을 깊게 파 주고, 옆에 이랑을 만들어 주고, 거기에 씨를 뿌려야 곡식이 잘 자란다오."

Q 지금 사용하고 계신 도구가 독특해 보여요. 어디에 쓰는 물건인가요?

"따비라고 하는데, 돌삽과 괭이처럼 땅을 일구는 도구라오. 기다란 나무 자루에 간석기를 끼워 만든 농사 도구지요."

Q 최첨단 청동기 신상품이 쏟아지는 마당에 아직까지 이런 구식 석기 농기구를 쓰시다니, 농사가 과학이라면서 어떻게 된 건가요?

"청동기 시대라고 해서 농사짓는 데 청동기를 쓰는 게 아니에요. 청동기는 귀한 물건인 데다가 자칫하면 쉽게 부러지기도 해서, 돌을 더욱 정교하게 갈아 만든 간석기나 나무로 농기구를 쓰는 거라오."

Q 아하, 그렇군요. 그럼 아저씨는 올해 어떤 농사를 지을 건가요?

"우리 마을은 예전엔 조, 보리, 수수 따위의 밭농사를 주로 지었는데, 요즘은 쌀농사가 대세라 올해는 논농사를 좀 많이 지어 볼까 해요. 허허."

Q 논밭이 굉장히 넓은데요, 혹시 아저씨네 땅도 있나요?

"그럼요. 그닥 넓진 않지만 우리 땅도 있다오. 저마다 논밭이 있어 농사철에는 마을 사람들이 서로 다 같이 도와 가며 농사를 짓는다오."

Q 네, 말씀 고맙습니다. 그럼 저는 이만 마을 풍경을 둘러보러 가 볼게요.

"그렇다면 나랑 같이 갑시다. 기자 양반이 어째 좀 어리버리해 보이는데, 제가 안내를 해 드리지요."

청동기 시대에도 석기는 대세 농기구

청동기 시대에 주로 사용된 농기구는 돌삽, 돌보습, 돌괭이 따위의 석기였다. 석기와 함께 나무로 만든 목기도 많이 쓰였는데, 석기에 나무 자루를 결합한 형태의 농기구도 많이 사용되었다. 청동은 대신 끌이나 송곳 등 작은 공구를 만드는 데 쓰였다. 그러다가 고조선 후기 들어 철기가 보급되면서부터 석기 농기구는 철제 농기구로 바뀌었다.

집에서 부업으로 옥을 만들어요

아저씨가 저보고 어리버리하다고 하셨는데, 어리버리는 정확한 표현이 아니죠. 어리바리라고 해야 맞습니다. 아무튼 제 속이 좀 쓰리긴 하지만 취재 안내를 해 주신다니 밭 갈던 아저씨랑 함께 마을로 가 보겠습니다.

지금 보이는 이곳이 대평 마을인데요. 한눈에 봐도 규모가 꽤 커 보이죠? 나무 울타리로 둘러쳐진 마을 앞쪽에는 깊이 2미터, 너비 3미터쯤 되는 기다란 도랑이 가로놓여 있습니다. 이곳도 울산 검단리나 부여 송국리처럼 외부인의 접근을 막기 위해 이 같은 시설을 한 것으로 보입니다. 청동기 시대 들어 수확량이 늘어 먹고사는 건 좀 나아졌지만, 그 곡식을 더 많이 차지하려고 부족 간에 전쟁을 치르는 일이 잦기 때문이지요.

이 마을에는 100여 채의 움집이 옹기종기 모여 있는데요. 족장의 집과 서민들 집 그리고 다락 창고와 청동기 공방 등 여러 집들이 있습니다. 그럼, 아저씨와 함께 살림집을 한번 구경해 볼까요?

네, 여기가 대평 마을의 보통 주민이 사는 집입니다. 신석기 시대 움집보다 훨씬 넓고 지붕도 높아 보입니다. 항아리와 접시 따위의 토기가 가지런히 놓여 있고요, 농기구와 그 밖의 살림살이도 여유가 있어 보이네요. 집 가운데 작은 구덩이가 보이는데, 그 둘레에서 석기와 옥 제품을 만드는 모습이 무척 인상적입니다.

Q 여기가 아저씨 집인가요?

"그렇다오. 여기서 우리 네 식구가 살지요."

Q 집 안에서 부인과 따님이 이렇게 옥 제품을 만드나 보죠?

"그렇습니다. 마을 뒷산에서 옥이 많이 나오는데, 그걸 가져다가 목걸이 같은 장신구를 만들어요. 우리 마을은 옥 제품이 어찌나 유명한지 이웃 마을에서 옥을 구하러 오곤 하는데, 그때 저도 필요한 물건으로 바꾸지요."

Q 그러고 보니 조리용 화덕이 집 안에 안 보이는데요. 음식은

어디서 만들어 드시나요?

"우리는 조리를 주로 집 밖에 있는 야외 화덕에서 한다오. 밖으로 따라와 보시오. 여기 있는 야외 화덕에서 곡식을 찌고, 고기나 생선을 구워서 집 안으로 가져가 먹는다오. 다 그런 건 아니고, 우리는 집 안에서 옥 제품을 만들다 보니 조리는 밖에서 하게 됐다오. 아, 마침 시루에서 떡을 찌고 있으니 맛 좀 보시구려."

Q 고맙습니다. 역시 유기농 쌀을 갈아서 전통 방식으로 쪄 낸 시루떡이라 그런지 쫄깃쫄깃하고 참 맛있습니다. 그럼 이제 다시 추수하는 벌판으로 가 볼까요?

부업으로 가축도 길러요

저는 지금 다시 강가에 있는 밭으로 가고 있는데요. 집 옆에 가축을 가두어 기르는 우리가 보입니다. 집에서 가축을 기르기 시작한 게 신석기 시대부터로 알려져 있죠? 그때만 해도 가축이 지금처럼 유행하진 않았습니다. 그러다가 청동기 시대 들어 농사가 본격적으로 시작되면서 가축을 기르는 농가도 늘어났다고 할 수 있는데요. 우리 아저씨는 어떤 가축을 기르는지 여쭤 볼까요?

무늬 없는 토기 전성시대

신석기 시대 때 처음 사용한 토기는 청동기 시대 들어 종류가 더욱 늘어나고, 용도도 다양해졌다. 청동기 시대를 대표하는 무늬 없는 토기를 소개한다.

팽이형 토기
무늬 없는 토기의 대표 토기. 밑바닥이 좁은 팽이 모양을 닮았으며, 대동강 유역의 고조선 사람들의 집터에서 주로 나왔다.

구멍무늬 토기
이 토기는 아가리 바로 밑에 작은 구멍이 일정한 간격으로 한 줄 내지 두 줄로 돌아가며 배치된 것이 가장 큰 특징이다.

붉은 간 토기
그릇 표면이 붉은 빛을 띠어서 홍도라고도 한다. 표면을 매끄럽게 간 여러 형태의 토기가 있는데, 한강 이남 지역에서 주로 발견된다.

가지 무늬 토기
어깨 부분에 흑색 가지 무늬가 있는 토기. 고운 바탕흙을 사용했고, 표면이 곱게 손질되어 있다. 진주 대평리 유적지에서 많이 나왔다.

Q 아저씨도 가축을 기르시나요?

"그럼요. 부업으로 몇 마리 기르고 있지요."

Q 어떤 가축을 기르는데요?

"개, 돼지, 닥쳐요."

Q 아니 제가 아무리 어리바리하대도 그렇지, 닥치라니요?

"무슨 말을 하는 거요? 개랑 돼지랑 닭 몇 마리 친다고요."

Q 아, 닭을 기른다는 말이었군요. 흠, 이제 좀 화제를 돌려볼까요? 이 마을 분들은 농사짓는 거 말고 주로 무얼 하시는지 궁금해요.

시루

"겨울이면 추수한 곡식 맛있게 먹으며 봄에 쓸 농기구 만들고, 부업으로 옥 제품을 만들어 교환하고, 가축도 돌보고, 봄이 오면 마을 전체가 합심해서 밭을 일구고, 여름이면 남강에 가서 물고기 잡고, 가을이 되면 추수하고, 추수 끝나면 집 수리도 하고, 뒷산에 가서 노루나 토끼도 잡고, 뭐 그렇죠."

잘 익은 곡식이 황금빛으로 일렁여요

여기는 다시 남강 변에 자리한 벌판입니다. 수천 평에 달하는 논밭에는 누렇게 익은 곡식들이 바람에 일렁이고 있습니다. 그야말로 장관입니다. 봄에 취재를 시작했는데, 어떻게 끝날 때는 가을이냐고요? 그게 바로 시간을 달리는 이 기자만의 개인기 아니겠습니까?

밭 한편에서는 남자들이 다 자란 벼를 돌낫으로 베고 있고요, 다른 쪽에서는 아낙네들이 반달 돌칼로 다 자란 벼 이삭을 꺾거나 훑고 있습니다. 떨어진 이삭을 줍는 여인들도 보이고요, 볏단을 들고 낟알을 터는 농부의 모습도 보입니다.

이 마을에서는 오래전부터 이렇게 밭을 일구어 농사를 지어 왔다고 합니다. 앞으로도 해마다 풍년이 들어서 대평 마을 주민들 모두 풍요롭게 살았으면 좋겠습니다. 이상 현장 출동을 마치겠습니다. Ⓗ

물에 잠긴 대평리 유적지

진주 남강 변에 자리한 대평리는 기원전 15세기경부터 농사를 지었다고 알려진 청동기 시대의 대규모 농경 유적지다. 밭 1만여 평과 4백여 호의 집터가 발굴되었고, 수많은 농기구와 옥 제품 유물이 출토되었다. 하지만 21세기 들어 대평리 농경 마을 유직은 남강댐 공사로 물에 잠긴 상태. 유적의 흔적이라도 보고 싶은 친구들은 진주 대평리에 있는 청동기문화박물관으로 가 보시길 강추!

청동기의 사생활

한반도 청동기의 은밀한 내력

청동기 시대라고 말들이 많은데, 도대체 청동기는 언제 어떻게 탄생한 거야?
아유, 궁금해 죽겠네. 청동아! 이제부터 너의 이야기를 들려줘~.

한반도 청동기 출생의 비밀

안녕, 반가워. 나는 청동이야. 푸를 청, 구리 동, 청동. 내가 정확히 언제, 어디에서 태어나서 어디로 어떻게 전파됐는지는 나도 잘 몰라. 전해오는 말에 따르면 나의 시대가 처음 열린 건 기원전 4천 년 전이라고 해. 메소포타미아 지방에서 시작돼 유럽과 시베리아를 거쳐 중국과 한반도로 들어왔다고도 하고, 극동 아시아에서 시작돼 유럽으로 전파됐다고도 해.

어떤 의견이 맞는지는 여전히 논쟁 중이지만 한 가지 확실한 건 우리나라 청동기 문화가 고조선 시대인 기원전 2000~1500년 사이에 중국 북동부 지역인 요녕 지방에서 꽃 피기 시작했다는 사실이야. 그걸 어떻게 알 수 있냐고? 고조선이 처음 나라를 연 그 지역에서 청동 유물들이 많이 발견됐거든.

그럼 지금부터 내 출생의 비밀을 알려 줄게. 내 출생의 비밀을 이야기하려면 먼저 내 아버지에 대해 이야기해야 해. 내 아버지는 산속에 묻혀 있는 구리야. 동이라고도 하지. 동동 구리. 헤헤. 신석기 시대 사람들이 구리라는 놀라운 물질을 발견하면서부터 나의 시대는 시작되었지.

사람들이 구리를 어떻게 발견했는지도 아직 미스터리야. 화산 폭발로 흘러내린 용암이 굳는 것에서 힌트를 얻어 구리를 녹여 무언가 만들 궁리를 했다는 설도 있는데, 그 말이 꼭 정답은 아니야.

사람들은 산에서 채취한 누런 광물질을 녹여 벌건 쇳물을 만들어 냈어. 그게 굳어서 누런 똥 빛으로 빛나는 구리가 되었지.

들판에 굴러다니는 돌멩이를 가지고 석기를 만들어 쓰던 사람들이 연금술을 통해 금속을 만들어 낸 건 정말 놀라운 일이었지. 하지만 구리는 너무 무른 게 약점이었어. 쉽게 닳고 구부러져 외려 돌로 만든 도구보다 사용하기 불편했지. 들려오는 얘기로는 아메리카 사람들은 구리를 사용한 이후 아주 오랫동안 그냥 사용해 왔대. 무르거나 말거나.

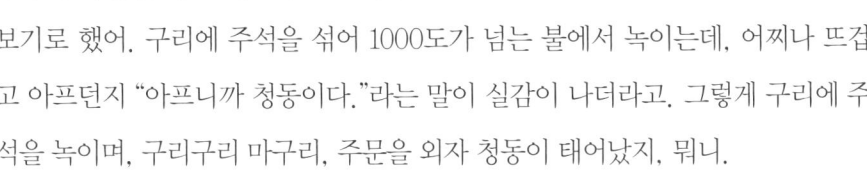

농경문 청동기 뒷면
제사에 사용된 손바닥만 한 크기의 이 청동기에는 농사를 짓는 사람들의 모습이 새겨져 있다. 따비로 밭을 가는 남자와 괭이로 땅을 일구는 남자, 곡식을 바구니에 담는 여자의 모습을 볼 수 있다.

하지만 사람들은 구리를 더욱 단단한 금속으로 만들기 위한 노력을 멈추지 않았어. 그러다가 숱한 시행착오 끝에 나의 엄마인 주석을 섞어서 녹여 보기로 했어. 구리에 주석을 섞어 1000도가 넘는 불에서 녹이는데, 어찌나 뜨겁고 아프던지 "아프니까 청동이다."라는 말이 실감이 나더라고. 그렇게 구리에 주석을 녹이며, 구리구리 마구리, 주문을 외자 청동이 태어났지, 뭐니.

구리 아빠+주석 엄마=청동 아들

아버지만 한 아들 없다고 하지? 축구 선수 차범근과 차두리 부자 이야기를 할 때 흔히 쓰는 말인데, 나는 예외였어. 아버지인 구리보다 더 단단했지. 한마디로 청출어람이라고나 할까. 물론 엄마와 아빠가 합체한 덕분이긴 하지만.

나의 등장으로 인류는 비로소 석기 시대를 마감하고 청동기 시대라는 새로운 문명을 맞이하게 돼. 청동기 시대라니까 좀 막연한 생각이 들 텐데, 쉽게 설명해 줄게. 우리나라에서 청동기 시대라고 하면 본격적으로 벼농사를 짓고, 고인돌이라는 무덤을 만들고, 청동 무기와 장신구를 만들어 사용하던 시대를 말해. 우리 민족의 첫 나라인 고조선 사람들이 만주와 한반도 북부에서 살아가던 시대지.

이런 특징들 가운데 핵심은 물론 나, 청동기의 사용을 들 수 있어. 왜냐하면 아무리 농업이 발달하고, 훌륭한 국가가 세워졌다고 해도 내가 없었다면 새로운 문명이 열렸다고 말하기 어려울 테니까. 나의 출현으로 인류는 구석기 시대 때 불을 발견한 것과 신석기 시대 때 농사를 짓기 시작한 것에 버금가는 또 한 번의 획기적인 발전을 이루어 낼 수 있었지.

사람들은 나를 가지고 별의별 것을 다 만들어 냈어. 가장 먼저 만든 건 무기였어. 하여간 사람들은 뭔가 새로운 것만 나오면 무기부터 만들 생각을 한다니까. 사람들은 청동 검과 창, 화살촉 같은 무기를 만들고 나서, 청동 방울과 거울처럼 의식용 도구와 도끼나 끌, 송곳 같은 공구를 만들었지.

청동 검 시대가 열리다

같은 엄마 아빠한테서 태어난 자식이라도 성격이 다 다르듯, 같은 청동기라도 용도에 따라 성격이 달라. 청동 검은 아주 무시무시한 무기야. 이제까지 사용한 돌 무기는 돌도끼든 돌칼이든 주로 내리치는 타격용이었는데, 청동 검은 그게 아니고 베고 찌르는……. 아이고, 생각만 해도 무서워.

청동기는 이 시대의 최첨단 무기야. 그래서 청동기를 만들 줄 아는 집단이 다른 부족을 지배하기 시작했어. 한 번 상상해 봐. 한쪽에선 푸른빛으로 번쩍이는 청동 검과 창을 들고, 한쪽에선 석기 시대 때 사용하던 돌도끼를 들고 한 판 붙는 모습을. 게임이 안 되겠지. 마치 핵무기를 가진 나라와 재래식 무기를 갖고 싸우는 나라 사이의 전쟁처럼 말이야.

너희도 박물관에서 보았겠지만, 청동기 시대 전기에 많이 사용된 청동 검은 비파형 동검이야. 현악기인 비파를 닮아서 비파형 동검이라 하는데, 비파형 동검은 고조선의 영역이었던 중국 동북부의 요녕 지역과 한반도 북부에서 많이 출토되고 있어.

청동 성분 분석

청동은 구리와 주석의 합금으로 만드는데, 주석을 많이 넣을수록 청동이 강해진다. 하지만 주석의 비율이 27%를 넘으면 쉽게 깨진다. 그렇기 때문에 주석의 양을 조절하는 게 무척 중요하다. 그리고 청동을 만들 때 한 가지 더 넣는 게 있는데, 그건 바로 납이다. 납은 돌로 만든 거푸집에 쇳물을 부을 때 잘 들어가게 하기 위해 섞는다. 청동은 워낙 귀하고, 만드는 과정이 어렵고 복잡해서 지배자들이 꼭 필요한 무기나 장신구를 만드는 데만 쓰인다.

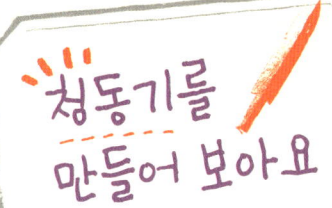
청동기를 만들어 보아요

청동기를 만들기 위해서는 필요한 게 참 많다. 구리와 주석, 납을 한데 넣고 녹이는 도가니, 청동 쇳물을 담는 거푸집, 주조된 청동기를 가는 숫돌 등. 최첨단 청동기를 제작하는 청동기 공방 전격 공개.

❶ 거푸집 만들기

거푸집은 쇳물을 담는 그릇. 여기에 청동 쇳물을 붓고 식히면 원하는 모양이 된다. 거푸집은 보통 활석이라는 돌로 만드는데, 돌 두 개가 한 조를 이루는 '이석일조'가 보통이다. 거푸집에서 주로 만드는 도구는 칼이나 도끼 같은 무기. 그 밖에 청동 방울 같은 모양이 까다로운 도구는 진흙 거푸집을 사용한다.

❷ 쇳물 만들기

도가니에 구리와 주석, 납 등을 넣고 1000도가 넘는 센 불로 가열한다. 어떤 도구를 만드느냐에 따라 주석의 양이 달라진다. 동검을 만들 때는 방울과 거울 등을 만들 때보다 주석의 양을 조금 덜 섞는다. 주석이 청동의 강도를 높이지만 지나치면 부러지기 때문이다.

❸ 거푸집에 쇳물 붓기

거푸집 두 개를 질 묶어 쇳물이 새어나오지 않도록 한 다음, 쇳물 주입구로 쇳물을 붓는다. 거푸집 안에 쇳물이 다 담기면 끝.

❹ 청동기 다듬기

거푸집이 식으면 주조된 청동기를 꺼내서 흠집이 없는지 확인한다. 칼이나 도끼는 숫돌에 갈아서 날을 세우고, 손잡이를 달면 완성품이 된다.

고조선 후기 들어 사람들은 검의 몸체가 가늘고 긴 세형동검을 만들어 쓰기 시작했어. 세형동검은 거의 우리나라에서만 발견돼서 한국식 동검이라고 하는데, 비파형 동검에 비해 모양은 단순하지만 살상력이 더 뛰어났지.

청동기 시대의 지배자들은 식량과 노예를 빼앗기 위해 청동 검을 앞세워 이웃 부족을 정복했어. 그러자 청동 무기로 무장하고 전문적으로 전쟁에 참여하는 군인들도 생겨났어. 내 형제들이지만 아무튼 청동 검이나 청동 창, 이 친구들 정말 무시무시한 녀석들이라니까.

청동 거울과 청동 방울

물론 청동기 중에는 검이나 창처럼 무시무시한 애들만 있는 건 아니야. 내 형제들 중에는 청동 거울과 청동 방울처럼 제사장이 하늘에 제사를 지낼 때 쓰는 의기도 있어.

너희들 혹시 단군왕검이라는 호칭이 제사장을 뜻하는 단군과 최고 지배자를 뜻하는 왕검이 합쳐진 말이란 걸 알고 있니? 단군왕검이란 호칭에서 보듯이 청동기 시대에는 정치 지도자가 제사장 구실을 함께하는 경우가 많았는데, 제사장이 하늘에 제사를 지내거나 국가 행사를 치를 때 사용했던 도구가 바로 청동 거울과 방울이었어. 제사장은 청동 거울과 방울을 몸에 지니는 것으로 위엄을 드러내 보이지. 신라의 왕들이 번쩍번쩍 빛나는 황금 왕관을 쓰고 위엄을 한껏 뽐냈던 것처럼 말이야.

우리나라 청동기 유물 가운데 가장 발달된 유물로 꼽히는 것은 고운 무늬 청동 거울이야. 이 청동 거울은 지름이 21.2센티미터, 테두리 폭이 1센티미터인 정도란다. 그런데 놀랍게도 20센티미터 남짓 되는 원 안에 1만 3000개의 원과 직선이 그려져 있어. 그리고 원과 직선의 선과 선 사이는 겨우 0.3밀리미터 정도인데, 한 치 어긋남 없이 정교하게 그려져 있어 보는 사람들의 눈을 의심케 하지. 아마 컴퓨터로도 이렇게 정교하게 만들기는 어려울 거야.

이 거울은 얼굴을 비춰 보는 거울이 아니라 햇빛을 반사하는 거울이야. 제사장이 하늘에 제사를 지낼 때 이 거울을 가슴팍에 달고 나와 햇빛을 반사하면, 제사장한테서 마치 형광등 100개를 켜 놓은 것 같은 빛이 뿜어져 나오지.

제사장에게는 거울만 있는 게 아니야. 한 손에는 청동 방울을 쥐고 있어. 청동 방울을 들고 하늘을 향해 딸랑딸랑 방울을 흔들면 그 소리가 어찌나 신비로운지, 하늘의 기운이 제사장 몸으로 쑥 빨려 들어가는 걸 느낄 정도라니까. 그러니 어떻게 청동기 시대 주민들이 제사장한테 복종하지 않을 수 있겠니? 아, 빛과 소리를 이용한 놀라운 통치술. 이것이 바로 청동기 지배자들의 통치 스타일인데, 알랑가 몰라~.

아, 나는 이쯤에서 물러날게. 구리와 주석의 합금으로 탄생한 내 출생의 비밀 이야기, 재미있었니? 지금은 나의 전성시대지만 앞으로 기원전 4~3세기가 되면 나의 전성시대도 막을 내릴 것 같아. 그때쯤엔 나보다 훨씬 더 센 녀석들이 지구에 나타날 거거든. 그게 뭐냐고? 흠, 청동보다 훨씬 강하면서도 더 유연한 아주 무시무시한 녀석이야. 그 이야기는 다음에. 안녕~. Ⓗ

청동 방울 4종 세트

청동 방울은 네 종류가 있는데, 평소에는 보기 힘들고, 제사장이 의식 행사를 할 때나 볼 수 있는 귀한 물건이니 잘 봐 두자.

팔주령
여덟 개의 가지 끝에 매달린 방울. 햇살 무늬 청동 방울이라고도 한다. 팔주령의 8이라는 숫자는 풍요와 다산을 의미한다.

쌍두령 1
아령 모양의 청동 방울. 방울이 달린 둥근 청동 봉을 양쪽에 끼워서 연결한 제사용 의기.

쌍두령 2
소코뚜레 모양의 청동 방울. 조합식 쌍두령이라고도 한다.

장대투겁
제사장의 장대 끝에 끼우던 청동 방울.

수수께끼 열두고개

한반도는 ◯◯◯ 왕국
이것은 무엇일까요?

청동기 시대 부족장의 무덤으로, 가족 공동 묘로,
의식을 거행하는 제단으로 사용되었다고 합니다.
탁자처럼 생긴 것과 바둑판처럼 생긴 것이 있습니다.
전 세계의 40퍼센트가 한반도에 분포해 있답니다.
남과 북 합쳐 4만여 기,
전라남도에만 1만 6000여 기가 있다고 합니다.
황해도 은율에 있는 이것의 덮개돌은 길이가 8미터,
강화도 부근리의 덮개돌은 무게가 약 50톤이랍니다.
이것을 만드는 과정은 부족의 힘을 하나로 모으는 행사이기도 합니다.
청동기 시대 사람들은 왜 이것을 만들었을까요?
그리고 왜 유독 한반도에 이렇게 많이 있는 걸까요?

청동기 시대의 최대 미스터리,
나는 누구일까요?

단독보도

단군왕검, 고조선을 세우다

고조선 건국 이야기가 장안의 화제다. 고조선을 세운 단군왕검은 도대체 어디서 온 누구인지, 앞으로 어떻게 나라를 이끌어 갈 것인지, 사람들의 호기심이 하늘을 찌른다. 그래서 이 기자가 나섰다.

고조선의 비밀을 찾아서

【평양성】단군왕검이라는 사람은 아무리 생각해도 미스터리다. 성이 이 씨라는 의미의 미스터리가 아니라 수수께끼 같은 인물이라는 뜻이다. 그가 어디서 온 집단의 우두머리인지 아무도 모른다.

조금씩 전해지는 출생의 비밀은 웬만한 드라마보다 더 드라마틱하다. 하지만 확실한 건 그가 기원전 2333년에 평양성에 도읍을 정하고 고조선이라는 나라를 세웠다는 사실이다.

고조선의 도읍인 평양성에서 만나 본 몇몇 주민들은 고조선이 건국되기 전이나 후나 농사짓고 살아가는 데는 별 차이를 느끼지 못하는 눈치였다. 하지만 고조선을 세운 단군왕검에 대한 호기심만은 무척 컸다.

도대체 단군왕검은 어디에서 온 누구일까. 기자인 나도 너무 궁금해서 이 지역 주민들을 만나 그에 관해 탐사를 시작했다.

취재를 하는 과정에서 단군의 실체를 파악할 수 있는 이런저런 소문을 전해들을 수 있었다. 평양성에서 만난 한 노인은 단군 세력이 이곳으로 들어와 사람들에게 퍼뜨린 이야기를 비교적 소상히 기억하고 있었다. 그건 이제까지 들은 어떤 이야기보다 충격적이고 신비로웠다. 단군왕검의 출생의 비밀부터가 그랬다. 그 이야기를 정리하면 다음과 같다.

환웅과 웅녀 사이에 단군이 태어나다

옛날에 환인의 아들 환웅이 살고 있었다. 환웅은 인간 세상을 다스리고픈 꿈이 있었다. 아버지가 아들의 뜻을 알고 태백산을 내려다보니, 널리 인간을 이롭게 할 만한 곳이라고 여겼다. 그래서 아버지는 환웅에게 천부 도장 세 개를 주며 가서 세상을 다스리라고 말했다.

환웅은 기뻐하며 그를 따르는 무리 3천 명을 이끌고 태백산 꼭대기에 있는 신단수로 내려왔다. 무리에는 바람, 비, 구름을 다스리는 풍백, 우사, 운사도 함께하였다. 환웅은 그곳에 신시를 세우고, 농사, 생명, 질병, 형벌, 선악 등 360

가지의 일을 다스렸다. 이때부터 환웅은 환웅천왕으로 사람들 입에 오르내렸다.

그러던 어느 날이었다. 같은 동굴에 사는 호랑이와 곰이 환웅천왕을 찾아와 사람이 되게 해 달라고 빌었다. 환웅천왕은 쑥과 마늘을 주며 "이것을 먹고 100일 동안 햇빛을 보지 않으면 사람이 될 것"이라고 말해 주었다.

곰과 호랑이는 기뻐하며 그것을 받아들고 동굴에서 쑥과 마늘을 먹기 시작했다. 하지만 쑥과 마늘만 먹고 100일을 버틴다는 건 여간 힘든 일이 아니었다. 결국 호랑이는 씹던 마늘을 뱉어 버리고 동굴을 나와 버렸다. 반면에 곰은 곰처럼 우직하게 쑥과 마늘을 먹으며 버텼다. 그러던 스무하룻날, 마침내 곰은 여자의 몸으로 변신했다.

여자의 몸이 된 웅녀가 이번에는 아이를 갖게 해 달라고 졸랐다. 환웅천왕은 웅녀의 애틋한 마음을 받아들여 웅녀와 혼인을 했다. 그 얼마 뒤 웅녀가 아들을 낳았는데, 그가 바로 단군왕검이었다.

고조선을 다스리다 신선이 되어 사라지다

〈세상에 이런 일이〉에 나올 법한 이 이야기가 단군의 출생에 얽힌 비화다. 그러니까 환인의 아들 환웅천왕이 여자로 변한 웅녀와 결혼하여 단군왕검을 낳았다는 얘기다. 하지만 이것은 세계 각국의 건국 시조들한테 따라다니는 신화에 비하면 그리 놀라운 일도 아니다. 동서고금의 모든 건국 세력들은 자기들이 신성한 존재라는 것을 알리기 위해 그럴듯한 이야기 한두 개쯤은 만들어 내니까 말이다.

문제는 탄생 뒤에 이어지는 단군의 실제 이야기다. 평양성 주민들의 잇따른 증언은 듣는 사람의 귀를 의심하게 할 만큼 충격적이었다. 그럼 이제 환웅천왕과 웅녀 사이에서 단군이 태어났다 치고, 단군왕검이 고조선을 세운 이야기를 만나 보자.

고조선의 원래 이름은

고조선의 원래 이름은 조선이다. 그런데 일연이 《삼국유사》에서 고조선 이야기를 전하면서 단군왕검이 세운 조선과 위만이 다스리던 위만조선을 구별하기 위해 단군조선을 고조선이라고 했다. 일연은 중국과 우리나라에 전해오는 수십 종의 사료와 수천 년 동안 민간에서 전해 내려오는 설화를 바탕으로 단군왕검 이야기를 썼다. 고조선이 기록된 대표적인 사료는 일연의 《삼국유사》 외에 이승휴가 지은 《제왕운기》 등이 있다.

두 사람에게서 태어난 단군왕검은 평양성에 도읍을 정하고 조선을 세웠다. 그리고 얼마 뒤 다시 아사달로 도읍을 옮겨 그곳에서 1500년 동안 나라를 다스렸다. 그러다가 신선이 되어 홀연히 사라졌는데, 그때 단군왕검의 나이가 1908세였다.

이 이야기만 놓고 보면 단군왕검은 출생의 비밀 못지않게 죽음 또한 예사롭지가 않다. 나야 시간을 달리는 이 기자니까 시공을 초월하는 게 당연하다지만, 단군왕검이 천 년 넘게 나라를 다스리다가 신선이 되어 사라지다니…….

취재를 계속하자니 점점 더 그리스 로마 신화 같은 황당무계한 이야기 속으로 빠져들 것 같고, 그만두자니 사우나에서 때만 불리다 그냥 나오는 것 같은 께름칙한 기분이다.

이러지도 저러지도 못한 채 아사달에서 지내고 있던 어느 날, 세상의 이치를 깨친 현자 한 사람이 강화도에 살고 있다는 제보를 받았다. 그 사람은 옛날부터 전해 내려오는 신화와 역사를 꿰뚫고 있다고 했다. 나는 곧장 짐을 싸서 강화도로 달려갔다. 현자는 내가 찾아올 것을 미리 알았는지 마니산의 참성단 꼭대기에 태연히 앉아 나를 맞아 주었다.

수수께끼의 나라 고조선

고조선이 언제 어디에서 건국됐는지, 고조선이 다스린 영역이 어디부터 어디까지인지는 역사 연구자들마다 의견이 다르다. 한쪽은 건국 시기를 기원전 2333년, 영역은 요서와 요동 지역을 포함한 중국 동북부의 만주 지역과 한반도 북부로 보고 있고, 다른 한쪽은 건국 시기를 기원전 8~7세기, 중심지는 한반도 내에 있는 대동강 유역으로 본다. 이렇듯 고조선은 우리 역사에서 여전히 핫이슈로 남아 있다.

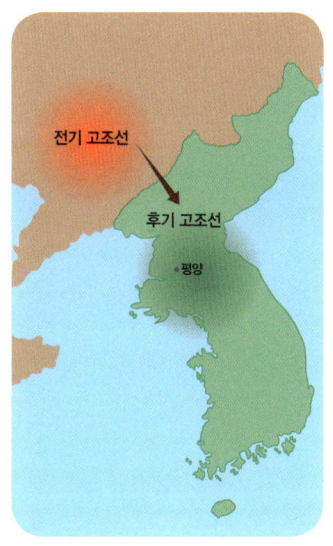

고조선 영역 지도

단군 신화 속에 담긴 뜻은

Q 단군왕검께서 하늘에 제사를 지냈다는 마니산 참성단에서 만나 뵙게 되어 반갑습니다. 저는 지금 거짓말 같은 단군 신화 때문에 미궁에 갇힌 기분입니다.

"단군왕검 신화 속에 담긴 뜻을 헤아리면 미궁에서 헤어 나올 수 있다오."

Q 아, 네. 먼저 환웅께서 무리 3천을 이끌고 내려왔다는 건 무슨 의미인가요?

"예부터 새로 이주해 온 집단을 하늘로 표현해 왔습니다."

Q 그렇다면 풍백, 우사, 운사를 거느렸다는 건 무슨 의미인가요?

"바람과 비와 구름은 농사에 없어서는 안 되는 아주 중요한 요소지요. 환웅께서 그들을 신하로 거느렸다는 것은 농사 기술을 잘 아는 사람들과 함께 왔다는 뜻일 텐데, 이것은 결국 단군조선이 농사를 중히 여기는 사회였다는 걸 의미합니다."

Q 그건 그렇다 치고요. 곰과 호랑이 이야기는 너무 신화 같은 이야기라…….

"고대 동아시아에는 곰이라든가 호랑이 같은 동물을 부족의 신앙으로 삼는 집단이 흔히 있었어요. 곰과 호랑이를 섬기는 토착 세력이라고 봐야죠. 환웅께서 웅녀와 혼인했다는 것은 환웅 세력이 곰을 섬기는 집단과 결합하고 호랑이 집단은 떨어져 나갔다, 이렇게 해석할 수 있다오."

Q 그렇다면 단군왕검이 1500년 동안 나라를 다스렸다는 건 어떻게 이해해야 할까요?

"단군왕검은 고조선을 건국한 한 분만을 가리키는 말이 아니라오. 시조뿐 아니라 그 뒤를 이어 고조선을 다스린 역대 통치자 모두를 단군왕검이라 한 것이지요. 그러니까 단군왕검이 1500년을 다스렸다는 건, 단군왕검이라 이르는 지배자들이 대를 이어 고조선을 다스렸다고 보면 될 것이오."

Q 말씀을 듣고 보니 제가 비로소 미궁에서 빠져나오는 기분이 듭니다. 마지막으로 여쭙겠습니다. 단군왕검이 고조선을 건국한 때가 기원전 2333년이라고 하는데요, 후세의 연구자들 가운데는 이를 인정하는 쪽도 있고, 인정하지 않는 쪽도 있습니다. 인정하지 않는 쪽 입장은 단군신화는 신화일 뿐 역사로 보기 어려우며, 그 무렵 만주와 한반도 지역에서는 국가가 탄생하지 않는 시기라고 하는데요, 이에 대해서 어떻게 생각하시는지요?

"문헌에 나와 있는 이야기를 신화로만 치부하니 그런 것이오. 신화에 담긴 숨은 뜻을 읽어야지. 그 문제는 앞으로 이 기자가 풀어야 할 숙제가 아닐는지. 그럼 나는 이만……."

고조선 건국의 의미는?

현자는 말을 다 끝내기도 전에 구름 사이로 홀연히 사라졌다. 앞으로 내가 풀어야 할 숙제라……. 나는 현자의 마지막 말을 되뇌며 아사달로 돌아왔다. 고조선의 도읍인 아사달은 활기가 넘쳤다. 너른 들에서는 농사가 한창이고, 시장은 필요한 물건을 바꾸려는 사람들로 북적였다. 단군왕검이 나라를 세운 지 1500여 년의 세월이 흐른 지금, 이 같은 모습은 이제 고조선의 일상적 풍경이 되었다.

그동안 고조선은 만주의 요하 일대에서 한반도 북부 지역에 이를 만큼 강한 나라로 성장했다. 이제 이웃한 중국의 어떤 나라도 고조선을 쉬이 넘보지 못했다.

그렇다면 고조선 건국의 의미는 무엇일까. 아사달에서 만난 한 역사가는 고조선의 의미에 대해 "이 땅에서 시작된 모든 역사가 고조선으로 흘러 들어갔고, 이후의 모든 역사가 고조선으로부터 흘러나올 것"이라며 "고조선은 한국사의 출발점이자 원천"이라고 말했다.

아마 그 말이 맞을 것이다. 흐르는 강물을 거슬러 올라가면 샘이 있고, 나무의 근원을 찾아 가면 뿌리가 있듯이, 이 땅에서 일어난 모든 역사를 거슬러 올라가면 그 출발점에 고조선이 서 있을 테니까. Ⓗ

단군릉이 발견됐다고?

1993년 북한 역사학계는 평양 근처에서 단군릉과 단군의 뼈를 발견했다고 발표했다. 북한 측은 발굴된 유골이 기원전 30세기 단군과 그의 부인의 유골이라며, 단군은 우리 민족의 시조인 실존 인물이고, 평양이 고조선의 발상지이자 중심지였다고 주장했다. 이에 대해 남한의 많은 역사학자들은 믿기 어렵다며 "무덤이 발굴된 지역이 예부터 단군에 관한 전설이 많이 전해 내려오던 곳이긴 하나 고구려의 무덤 양식인 그 무덤이 실제로 단군의 무덤인지, 발굴된 유골이 진짜 단군의 뼈인지에 대해서는 좀 더 과학적인 검증이 이뤄져야 한다."라고 주장했다.

단군릉

생활법률

범금팔조로 사회 기강 확립!

고조선에서 남의 물건을 훔치거나 살인을 하면 어떻게 될까?
고조선 때에 시행한 여덟 가지의 금법인 범금팔조에 대해 잘 모르는 독자들이
많은 것 같아 《특종! 달려라 한국사》에서 무료 법률 상담 코너를 마련했다.

고조선은 법치국가

안녕하십니까? 생활 법률 시간입니다. 최근 고조선 사회는 각종 범죄가 조금씩 늘어나는 추세입니다. 이전 씨족 공동체 사회에서는 보기 힘든 일인데요. 그렇다면 왜 이런 일들이 생겨날까요? 아무래도 농업 생산량이 늘어나면서 인구가 많이 늘어났고, 개인의 사유재산을 인정하는 사회가 되면서 재산을 둘러싼 분쟁이 많이 발생하기 때문인 것 같습니다.

그래서 고조선 정부는 사회 기강을 확립하기 위해 범금팔조를 만들었는데요, 잘못을 저지른 사람은 법에 따른 심판을 받게 되니까 범금팔조를 정확히 아는 것이 무척 중요하겠죠.

그래서 오늘은 고조선 무료 법률 상담소를 운용하고 있는 법대로 소장님을 모시고 범금팔조에 대해 자세히 알아보려고 합니다. 오늘도 이런저런 범죄 사연이 많이 왔는데요, 그 가운데 세 분의 사례를 콕 집어 상담해 드리겠습니다. 먼저 첫 번째 사연 읽어 드리겠습니다.

사연 1 사람을 죽였어요

안녕하세요? 저는 왕검성 안에 사는 부영이(가명)라고 해요. 제 오빠 어영이가 엊그제 그만 사람을 죽였어요. 흑흑. 이유야 어떻든 사람을 죽인 건 잘못이지만 너무

억울해서 이렇게 사연을 보내게 됐어요. 옆집 사는 사람이 우리한테 빌려 간 곡식을 갚지 않아서 엄마가 받으러 갔는데, 빌려 준 곡식을 갚기는커녕 외려 엄마를 때려 다치게 했어요. 그래서 다음 날 오빠가 그 사람한테 따지러 갔다가 어영부영 싸우는 과정에서 오빠가 밀쳤는데, 그만 그 사람이 뒤로 넘어지면서 머리가 깨져 죽었어요. 저희 오빠는 어떻게 되는 건가요?

답변 1 살인자는 사형에 처한다

  고조선 무료 법률 상담소 소장 법대로입니다. 안타까운 사연이군요. 범금팔조의 첫째 조항에 보면 "사람을 죽인 자는 사형에 처한다."라고 나와 있어요. 눈에는 눈, 이에는 이, 이런 것이죠. 법대로 하자면 어영님은 사형을 당할 가능성이 큽니다. 다만 죽은 사람이 곡식을 빌려 간 주제에 갚지도 않고 외려 받으러 간 어머니를 다치게 한 것이 싸움의 원인이므로 재판장이 그 점을 고려해서 판결하지 않을까 생각합니다. 하지만 그렇더라도 고조선은 개인 간의 복수혈전을 인정하지 않습니다. 복수할 일이 있다면 신고해서 국가가 그 사람의 죄를 물도록 했어야 하는데, 안타깝습니다. 아무튼 빨리 자수해서 광명 찾으시기 바랍니다.

  첫 번째 어영 부영 남매의 사연을 잘 들었는데요. 자수해서 광명 찾으라는 법대로 소장님의 말씀은 어패가 있는 것 같습니다. 자수하면 사형을 당할 확률이 높은데, 그렇게 되면 광명을 찾는 게 아니라 저세상으로 가는 게 아닐까요. 안타까운 사연 잘 들었고요. 다음 사연 들어 보겠습니다.

사연 2 사람을 다치게 했어요

저는 왕검성 안에 사는 한방이(가명)입니다. 며칠 전 밭에서 일을 하고 집으로 돌아오는데, 저자 거리에서 웬 사람들이 싸우고 있기에 자연스레 싸움 구경을 하게 됐지요. 그런데 가만 보니 맞고 있는 사람이 잘 아는 사람이라 제가 나서 싸움을 말렸죠. 그러자 상대편 사람이 네가 뭔데 나서냐며 저를 때리는 거예요. 저도 화가 나서 한 방 날렸죠. 그 바람에 그 사람 이가 두 대 부러졌어요. 전 지금 잡혀 갈까 무서워 은밀한 곳에 숨어 있는데요. 저는 어떻게 되는 건가요? 제 이도 두 대 내놔야 하나요?

답변 2 사람을 다치게 하면 곡식으로 갚아야

범금팔조에 따르면 "사람을 다치게 한 자는 곡식으로 갚아야 한다."라고 합니다. 님이 먼저 그 사람을 때린 건 아니지만, 어쨌거나 사람을 다치게 했으니 그만큼 곡식으로 갚아야 합니다. 어두운 곳에서 떨지 마시고 자수해서 광명 찾으시길 권합니다. 님의 이는 부러뜨리지 않으니까 염려 마시고요. 자, 다음 사연 이어서 읽어 주시죠.

《한서》에 나타난 범금팔조

범금팔조는 중국의 역사책인 《한서》의 지리지에 기록돼 있다. 워낙은 여덟 가지 법 조항이 있었는데, 세 조항만 남아 전하고 있다. 범금팔조는 부자들의 사유 재산을 보호하는 데 무척 유리한 법이었다. 반면에 가난한 사람들에겐 엄청 가혹한 법이었다.

사연 3 부잣집 곡식을 훔쳤어요

안녕하세요? 저는 왕검성 밖에 사는 저냥이(가명)라고 합니다. 조그만 밭 한 뙈기 부쳐 먹으며 그냥저냥 살고 있는데, 올해는 흉년이 들어서 수확량이 얼마 되지 않았습니다. 저희 집에는 병든 어머니와 아내 그리고 두 살, 다섯 살짜리 자식이 둘 있는데, 모두 굶어 죽기 일보 직전이었죠. 그래서 하는 수 없이 부잣집에 몰래 들어가 곡식을 훔쳤습니다. 사흘 굶고 남의 집 담 안 넘어갈 장사 없다는 말도 있듯이, 굶어 죽지 않으려고 생계형 범죄를 저지르고 말았습니다. 저는 어떻게 되는 건가요?

답변 3 **노비가 되거나 돈으로 갚거나**

참 딱한 사연이군요. 범금팔조에 따르면 "도둑질한 자는 그 집의 종으로 삼는다."라고 합니다. 노비가 안 되려면 50만 전을 내야 하는데, 당장 오늘 먹을거리가 없어서 도둑질한 사람이 무슨 수로 50만 전을 갚겠습니까? 님은 어쩔 도리 없이 그 집의 노비가 되는 길밖에 없는 것 같군요. 얼른 자수해서 광명 찾으시길 바랍니다.

고맙습니다. 사연과 답변 잘 들었습니다. 마지막 분의 사연은 너무 안타깝군요. 하지만 고조선 사회가 개인의 재산을 철저히 보호하는 사회다 보니 어쩔 수 없이 벌을 받게 될 것 같습니다.

그래도 아직까지 고조선은 도둑이 별로 없어서 대문을 열어 두고 지내는 집이 많은데요, 앞으로 차츰 더 각박해지지 않을까 걱정됩니다. 아울러 정부는 조만간 범금팔조를 대폭 보완해서 60조에 해당하는 법을 제정한다고 합니다. 벌 받지 않으려면 우리 모두 죄 짓지 말고 쥐 죽은 듯 살아야겠습니다. H

사건 추적

위만조선 시대가 열리다

중국 연나라에서 망명 온 위만이 기원전 194년 쿠데타를 일으켰다. 쿠데타에 성공한 위만은 고조선의 준왕을 몰아내고 자신의 이름을 딴 위만조선 시대를 열었다. 위만조선은 단군조선과 어떤 차별화 정책을 펼칠 것인가.

위만, 쿠데타로 고조선 접수

【왕검성】 이른 아침 《특종! 달려라 한국사》 편집실로 급보가 날아들었다.

'기원전 194년 고조선에 군사 반란 발생'

누가 반란을 일으켰다는 거야? 소식을 전한 정보원은 쿠데타를 일으킨 세력이 누군지는 모른다고 했다. 서둘러 편집실을 나와 왕검성으로 향했다. 왕검성으로 가는 주요 길목에는 무장한 군사들이 무표정한 모습으로 경계를 서고 있었다.

고조선 정부종합청사에 도착하자 경비가 제법 삼엄했다. 나는 기자 신분을 밝히고 종합 상황실로 들어갔다. 청사 안 분위기는 의외로 차분했다. 쿠데타 세력이 이미 왕검성의 왕궁과 주요 행정 기관을 점령한 까닭이리라.

"군사 반란을 일으킨 사람이 누굽니까?"

내가 장군인 듯 보이는 사람에게 그렇게 묻자 그 자가 발끈했다.

"군사 반란이라니, 말조심하시오! 이번 거사는 나라를 생각하는 충정에서 일으킨 구국의 혁명이오."

"반란이냐 혁명이냐는 나중에 따지기로 하고, 암튼 그 주인공이 누구냐고요?"

"위만 박사요."

'위만?'

위만이라면 몇 년 전 고조선으로 망명 온 연나라 사람 아닌가. 나는 쿠데타가 일어났다고 했을 때 적어도 상쯤 되는 벼슬을 하고 있는 고조선의 토착 세력일 거라 예상했다. 그런데 중국계 연나라 사람이라니, 너무도 뜻밖이었다.

위만, 연나라에서 고조선으로 망명

위만이라면 내가 좀 안다. 몇 년 전 그가 고조선으로 망명해 왔을 때 잠깐 인터뷰한 적이 있다. 그때 이야기를 좀 해 볼까.

위만은 연나라 사람이다. 연나라는 중국 한나라의 제후국이다. 제후국은 한나라에 속한 지방 정부쯤으로 보면 된다. 그런데 연나라 사람이 고조선으로 건너온 까닭은 그 무렵 중국이 극히 혼란스러웠기 때문이다. 당시는 한나라 유방이 초나라 항우를 누르고 중국을 통일한 뒤였다.(이 이야기를 더 알고 싶으면 《초한지》를 읽자.) 그런 상황에서 많은 중국인들이 이웃한 고조선으로 넘어왔는데, 위만도 그 즈음에 고조선으로 넘어왔다.

위만은 고조선과 패수라는 강 하나를 사이에 둔 연나라 출신인데, 유방이 제후국을 직접 통치하려 하자 연나라의 제후였던 노관이 만리장성을 넘어 흉노로 망명해 버렸다. 노관은 위만의 상관이었다. 그러자 위만은 한나라에 남을지, 노관을 따라 흉노로 갈지, 아니면 동쪽에 붙어 있는 고조선으로 갈지를 놓고 고민하다 끝내 고조선 행을 결심하게 되었다.

위만은 무리 1천여 명을 데리고 고조선으로 망명했는데, 그 모습이 좀 의외였다. 머리는 고조선 사람처럼 상투를 틀어 올리고, 옷차림도 딱 고조선 스타일이었다. 그래서 사람들 사이에는 위만이 고조선 사람이라는 소문이 나돌았다. 어쨌거나 고조선에 온 위만이 준왕을 만나 머리를 조아리며 청을 올렸다.

"폐하, 저를 조선 서쪽 변방에 머물게 해 주시면 한나라로부터 망명해 온 자들을 거두어 조선의 병풍이 되겠습니다."

준왕은 위만의 말을 듣고 즉시 그를 박사(지방의 문제를 해결하기 위해 중앙에서 파견하는 관리)로 임명했다. 그러고는 그에게 압록강 남쪽 땅 100리를 내주어 고조선의 서쪽 변경을 지키도록 했다. 여기까지가 위만이 고조선에 망명하게 된 이야기의 전부이다.

힘을 키워 고조선 안방 차지

고조선의 관리가 된 위만은 여기저기 떠도는 중국 사람들을 적극적으로 받아들였다. 그런데 그들 가운데는 철기를 만드는 사람들이 있어서 철제 농기구와 철제 무기도 많이 만들 수 있었다.

고조선은 이미 기원전 3세기 무렵, 한나라와의 교역으로 철기를 받아들이면서 철기 시대를 열었다. 돌이나 청동기에 비해 훨씬 단단하고 날카로운 철기의 사용으로 고조선의 힘은 전보다 더욱 커졌다.

위만은 그렇게 한두 해가 지나자, 힘이 몰라보게 커지면서 차츰 딴 마음을 먹기 시작했다. 스스로 고조선의 왕이 되고 싶었던 위만은 한 가지 꾀를 내어 부하에게 지시했다.

"준왕에게 가서 전하여라. 한나라 수십만 군대가 열 길로 쳐들어오니, 이 위만이 군사를 이끌고 왕검성으로 들어가 왕을 지켜 드리겠노라고 말이다."

한나라가 쳐들어온다는 건 물론 거짓이었다. 하지만 보고를 받은 준왕은 위만이 이끄는 군대를 왕검성으로 들어오라고 허락했다. 변방의 군대가 무장을 하고 성안으로 들어온다면 마땅히 의심해야 하거늘, 준왕은 그럴 겨를이 없었다.

위만이 수천 명의 군사를 이끌고 청천강을 건너 평양에 거의 다다랐을 때, 준왕은 위만이 거짓 보고를 했다는 사실을 알았다. 하지만 그때까지 청동 무기로 무장하고 있던 준왕의 군대는 철제 무기로 무장한 위만의 군대 앞에 속수무책으로 쓰러질 수밖에 없었다.

결국 준왕은 위만과의 싸움에서 패한 뒤, 그를 따르는 무리를 이끌고 대동강 하구에서 배를 타고 한반도 남쪽으로 내려갔다. 배는 충청도 바닷가에 도착했고, 준왕은 그전에 이미 그 지역에 이주해 있던 유민을 수습하여 그들을 지배하면서 한왕(韓王)이 되었다.

위만이 승리함으로써 단군조선은 나라를 세운 지 약 2천 년 만에 막을 내렸다. 그렇다면 고조선은 앞으로 어떻게 되는 걸까. 어서 위만을 만나 봐야겠다.

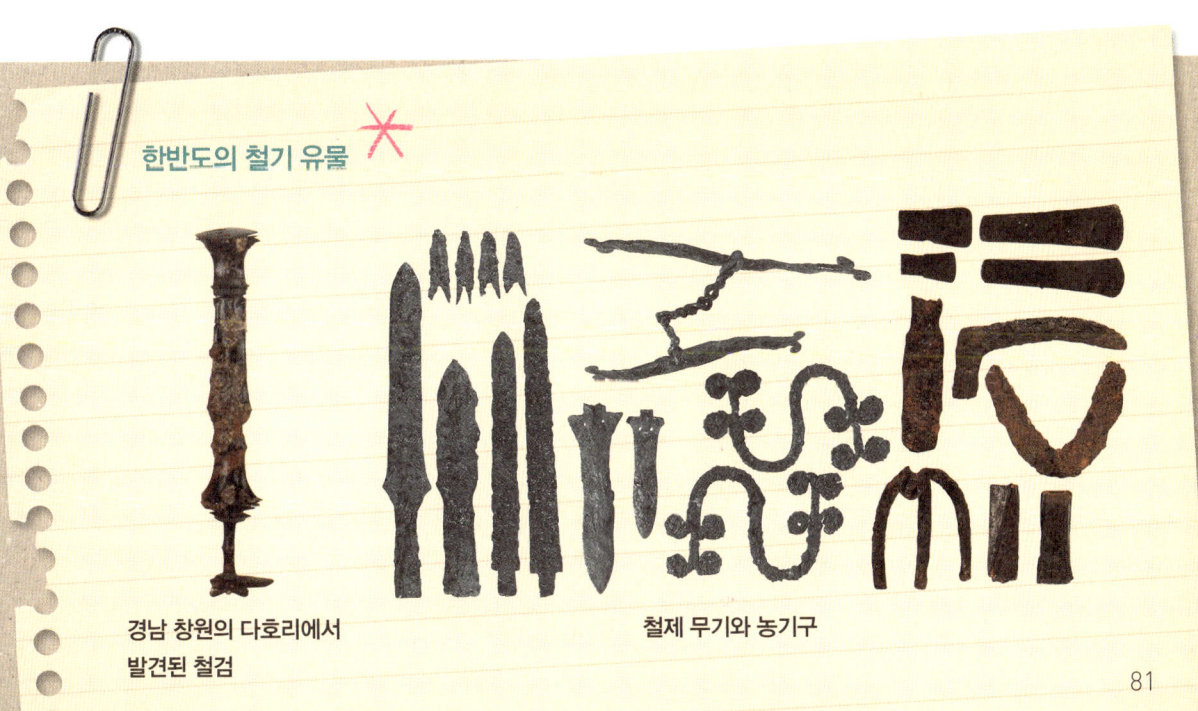

한반도의 철기 유물

경남 창원의 다호리에서 발견된 철검

철제 무기와 농기구

고조선 집권에 성공한 위만

"단군조선의 정통성을 계승하여
더 강한 조선을 만들겠다."

● **집권에 성공하셨는데, 일단 축하합니다. 쿠데타를 일으키게 된 동기는 무엇인가요?**
"자꾸 쿠데타, 쿠데타 하는데 구국의 혁명이라 해 주시오. 중국의 한나라에 맞설 수 있는 강한 고조선을 만들고 싶어서 구국의 결단을 내렸소."

● **좋습니다. 그런데 혹시 고조선에 망명 올 때부터 쿠데타를 염두에 둔 건 아닌가요?**
"아, 또 쿠데타. 그건 아니오. 처음엔 나를 받아 준 준왕에게 충성하며 조용히 살 생각이었소. 그런데 날이 갈수록 먹여 살려야 할 식구들이 늘어나자 뭔가 수를 써야 했소. 마침 중국에서 들여온 질 좋은 철제 무기도 좀 있고 해서……."

● **그렇다면 앞으로 고조선을 어떻게 이끌어 나갈 생각인가요?**
"먼저 국가 성격부터 말씀드리면, 지금처럼 그대로 갈 것이오. 나라 이름도 그대로, 관리들도 그대로, 백성들 살림살이도 달라지는 게 없을 겁니다."

● **그 이유가 뭐죠? 어차피 중국 연나라 출신이시니까 중국 스타일로 나라를 확 바꿀 생각은 없나요?**
"없소. 고조선은 중국과는 확연히 다른 독자적인 문화가 있소. 나는 그것을 계승하고 발전시켜 나갈 생각이오. 내가 얼마나 고조선을 좋아했으면 망명해 올 때부터 고조선 사람들처럼 상투를 틀고, 옷차림도 똑같이 하고 그랬겠소. 나는 고조선과 혼인한 사람이오."

● **그러면 나라 이름은 어떻게 할 건가요?**
"조선을 계승하는 나라이니 언론에서도 위만조선으로 써 주시오. 단, '위만'과 '조선'을 띄어 쓰면 안 되고 반드시 '위만조선'으로 붙여 써 주시오. 위만 조선(X), 위만조선(O) 요렇게. 그래야 후세 사람들도 단군조선과 헷갈리지 않을 테니까 말이오."

● **잘 알겠습니다. 끝으로 포부가 있다면 한 말씀해 주시죠.**
"일단 고조선 주변의 크고 작은 나라들을 정복하겠소. 그리고 그 나라들이 중국 한나라와 직접 교역하는 것을 막고, 대신 우리가 중계 무역을 하겠소. 그렇게 나라의 힘과 부를 키워 한나라와 동북아시아의 패권을 놓고 당당히 경쟁하겠소. 두고 보시오! 내가 한다면 하는 위만이니까."

동북아시아의 강자로 급부상

위만의 말은 거짓이 아니었다. 그 후 고조선은 주변의 작은 나라가 한나라와 직접 교역하는 것을 막고, 반드시 고조선을 거치도록 했다. 특히 철기 무역은 고조선한테 크나큰 이익을 안겨다 주었다. 고조선이 한나라의 철기를 싸게 들여와서 주변의 작은 나라에 비싸게 팔아넘겼기 때문이다.

고조선은 이에 머무르지 않고 앞선 철기의 힘을 바탕으로, 주변의 작은 나라들을 하나하나 정복해 나갔다. 남쪽으로는 황해도 일대부터 동쪽으로는 함경남도 임둔과 함경북도 옥저, 강원도 동해안의 동예, 북쪽으로는 압록강 너머 예맥 등이 고조선 아래로 들어왔다. 또한 한강 유역 남쪽의 삼한도 고조선을 섬겼다.

그러는 사이에 고조선은 한나라를 위협할 만큼 세력이 커졌다. 기원전 2세기 말, 동북아시아는 중국 대륙의 한나라, 만리장성 위쪽의 흉노 그리고 만주와 한반도 북부의 고조선이 삼각관계를 유지하고 있는 형세다. 앞으로 세 나라의 운명이 어떻게 될지는 뒤에 나오는 '만화로 보는 한국사 명장면-왕검성 최후의 날'에서 확인해 봐야겠지만, 고조선이 동북아시아의 운명을 가를 중요한 변수로 자리 잡았다는 건 확실하다. 위만조선의 건투를 빈다. Ⓗ

위만 이후의 고조선

기원전 2세기 말 위만이 주변의 작은 나라를 복속시키면서 정복 국가로서의 모습을 보이자, 한나라는 불안한 눈으로 고조선을 지켜보게 된다. 게다가 만리장성 위쪽의 흉노는 한나라에게 크나큰 두려움의 대상이었다. 이런 상황에서 한나라는 흉노와 고조선이 손잡고 중국을 위협하지나 않을까 늘 노심초사했다. 하지만 그 무렵 황제 자리에 있던 한 무제는 그리 만만한 군주가 아니었다. 그는 세 나라의 삼각관계를 수직 관계로 바꿀 자기 나름의 전략을 치밀하게 세우고 있었다. 그 하나가 바로 기원전 108년 벌어지게 될 고조선과 한나라의 전쟁이었다.

기원전 2세기경 고조선 지도

끝장토론

단군조선, 신화인가 역사인가

● 2천 년 넘게 이어 온 단군조선 시대가 마감됐다. 단군조선은 한반도 최초의 국가이지만 신화와 역사 사이에서 방황하는 것 같다. 지나치게 숭상되거나 필요 이상으로 낮은 평가를 받고 있다. 단군조선의 실체는 무엇일까.

● **장소** 평양성 《특종! 달려라 한국사》 편집실
참석 정통 사학자, 재야 사학자, 참관인(중국 학자, 일본 학자)
사회 시간을 달리는 이 기자

실존 인물 VS 허구 인물

사회자 안녕하십니까? 오늘은 한국사 최대의 미스터리로 남아 있는 단군조선에 관해 토론해 보도록 하겠습니다. 토론자 두 분을 소개하겠습니다. 현재 한국 역사학계의 주된 입장을 대변하고 있는 정통 사학자 나오셨습니다. 그리고 주류 사학계에 비판적인 입장을 취하고 있는 민족주의 재야 사학자 나오셨습니다. 오늘 특별히 중국과 일본에서도 한 분씩 옵서버(참관인)로 참가했습니다. 원활한 진행을 위해 주제를 크게 세 가지로 나눠서 토론하도록 하겠습니다. ①단군의 실체 ②고조선의 건국 연대 ③고조선의 영역 등인데요, 어린이 독자들을 위해 쉽게 토론해 주시기를 부탁드립니다. 그럼, 토론을 시작해 볼까요? 단군은 실존 인물입니까?

재야 사학자 그야 두말하면 잔소리지요. 단군은 누가 뭐래도 한반도 최초의 국가인 고조선을 세운 실존 인물입니다.

정통 사학자 단군은 신화 속 허구의 인물입니다. 이런 신화적인 존재를 실존 인물이라고 하면 세계 여러 나라로부터 비웃음을 살 것입니다. 한마디로 국격을 떨어뜨리는 일입니다.

사회자 실존 인물로 보는 근거가 있나요?

재야 《삼국유사》를 보면 단군왕검이 평양성에 도읍을 정하고 조선을 건국했다고 나와 있습니다. 이를 부정할 아무런 근거가 없습니다.

정통 신화는 역사가 될 수 없습니다. 마늘과 쑥을 먹고 사람이 된 곰과 환웅이 결혼해 낳은 단군이 나라를 세웠다는 신화를 어떻게 역사로 볼 수 있습니까? 단군왕검은 고조선에서 제사장과 정치 지도자를 겸하는 지배자를 뜻하는 호칭일 뿐입니다.

재야 곰이 사람으로 변해서 단군을 낳았다는 신화 자체를 사실이라고 말하는 게 아닙니다. 신화는 한 집단의 사회의식을 반영하는 이야기입니다. 그 안에 담겨 있는 의미를 캐내면 역사가 되지요. 단군 신화는 외부로부터 이주해 온 환웅과 단군 집단이 곰을 숭배하는 집단과 연합해 국가를 만들었다는 의미를 담고 있는 겁니다.

사회자 시작부터 토론 분위기가 뜨거운데요. 한쪽은 단군왕검을 고조선을 건국한 실존 인물, 즉 고유명사로 보고, 다른 쪽은 단군왕검을 고조선의 일반적인 지배자, 즉 보통명사로 보는 것 같습니다. 제 말이 좀 어려웠나요? 그럼, 다음 주제로 넘어가겠습니다. 고조선 건국 연대에 관한 건데요. 현재 고등학교 국사 책에는 "단군이 고조선을 기원전 2333년에 건국했다."고 나와 있습니다. 초등 사회 책에도 "단군왕검이 기원전 2333년에 세웠다."라고 기술돼 있고요. 그렇다면 고조선 건국 연대가 기원전 2333년이 맞는지 정통 사학자께서 먼저 답변해 주시죠.

기원전 2333년 VS 기원전 8~7세기

정통 교과 과정 개정 이전에는 "기원전 2333년에 건국했다고 한다."라고 돼 있었는데, 그 후 수정이 된 겁니다. 아마도 집필자 개인의 의견이 강하게 반영된 결과라고 보이는데요. 옳지 않습니다.

재야 맞습니다.

정통 아, 이제야 제 의견에 동의하시는군요.

재야 님 의견에 동의하는 게 아니라 고조선의 건국 연대를 기원전 2333년으로 보는 게 옳다는 얘깁니다. 《삼국유사》와 《동국통감》에도 기원전 2333년이라고 기록돼 있습니다.

정통 《삼국유사》는 정통 역사가가 아닌 일연 개인이, 현재 전하지도 않는 《고기》 등을 참고해서 지은 개인 저작물일 뿐입니다. 믿기 어렵습니다.

재야 《삼국유사》는 당시 존재하던 수십 종의 우리나라와 중국의 역사책을 참고해서 만든 것입니다. 설마 그것까지 부인하는 건 아니시겠지요?

정통 그렇다손 치더라도 기원전 2333년이면 정통 고고학적 입장에서 볼 때 한반도에서는 돌도끼로 멧돼지를 쫓던 신석기 시대입니다. 신석기 시대에 무슨 국가 타령입니까. 무릇 국가의 틀은 청동기 시대에 이르러 갖추어졌다고 보는 게 정통 고고학계의 정설입니다.

재야 허, 이집트나 마야 같은 제국은 기원전 2500년 무렵에 제국을 건설하고 문명을 꽃피웠습니다. 한국사가 세계사와 아주 동떨어진 게 아니라면 우리라고 그런 국가가 생겨나지 말란 법이 없죠. 남의 나라 얘기 할 것도 없고요. 고조선은 만주와 한반도에서 신석기 문화와 청동기 문화의 변환 과정에서 태어난 국가입니다.

정통 우리나라 청동기 문화는 기원전 10세기 이후에 나타납니다. 고조선은 청동기 때 등장한 국가입니다. 고로 기원전 2333년에 고조선이 건국됐다는 건 모순입니다. 왜냐하면 그때 한반도는 청동기 문화가 나타나기 전이니까요.

재야 그렇지 않습니다. 기원전 10세기 이전에 한반도와 만주에서 청동기 문화가 시작됐다는 걸 보여 주는 유물, 유적이 속속 발견되고 있습니다. 예를 들어 진주 남강 대평리 유적은 기원전 1500년 무렵, 양수리의 고인돌 유적과 전남 영암의 청동기 집터 유적은 기원전 2500년 무렵이라고 밝혀졌습니다. 만주에서도 기원전 2400년 것으로 추정되는 청동기 유물들이 발견됐고요. 그렇다면 만주와 한반도를 영역으로 하는 고조선이 기원전 2333년에 건국됐다고 보는 것에 아무 문제가 없는 것이지요.

정통 님 같은 일부 재야 사학사 분들이 민족주의 이념에 심취해서 고조선의 건국 연대를 자꾸 끌어올리려고 하는데, 역사란 무릇 객관적이고 합리적인 증거를 토대로 하는 학문입니다. 고조선은 기원전 8~7세기에 건국된 나라입니다. 제가 그 분야 전공자여서 잘 압니다. 님께선 그 분야 전공이 아니신 걸로 알고 있는데…….

재야 전공이오? 좋습니다. 그런데 혹시 님의 주장이 일제강점기 조선총독부 산하의 조선사편수회에서 만든 식민 사관 논리와 아주 흡사하다는 건 알고 계시는지요. 일제는 우리 역사를 말살하기 위해 단군 조선 2000년 역사를 아예 없애 버리려고 했었죠. 님도 그 일제 식민 사관의 맥을 잇고 계신 건 아닌가 하는 의심을 떨쳐 버릴 수 없군요.

고조선의 영역, 요동 VS 대동강 유역

사회 아, 민감한 주제다 보니 토론이 너무 뜨거워지는군요. 재야 쪽에서는 고조선이 건국 연대를 기원전 2333년이라고 주장하시고, 정통 쪽은 기원전 8~7세기로 보는 것으로 정리하겠습니다. 그럼 다음 주제로 넘어가겠습니다. 어찌 보면 건국 연대 문제보다 더 민감한 문제일 수 있는데요. 고조선의 영역이 과연 어디까지였냐, 하는 문제입니다.

재야 그야 요동 지역과 한반도 북부 일대입니다.

정통 고조선의 중심 영역은 대동강 유역입니다.

재야 고조선이 요동과 한반도 북부를 중심으로 발전했다는 건 상식입니다. 《산해경》이라는 중국 사료에도 "조선은 요동에 있다."라고 나오고요. 이익과 정약용 같은 실학자들 그리고 신채호 같은 역사학자도 그렇게 주장하고 있습니다.

정통 님께서 그렇게 즐겨 인용하시는 《삼국유사》에도 고조선이 평양성에 도읍을 정했다. 이렇게 나오지 않습니까?

재야 당시 사용된 평양이라는 지명은 특정 지역을 가리키는 고유명사가 아니라 넓은 벌판을 가리키는 일반명사로 봐야 합니다. 현재 교과서에도 중국 동북부, 즉 만주와 한반도에 자리 잡고 있었다고 서술돼 있습니다. 그곳에서 많이 발견되는 비파형 동검과 탁자식 고인돌을 예로 들면서요.

정통 물론 만주 지역에 고조선 시대 유물인 비파형 동검과 탁자식 고인돌이 많이 나오는 건 맞습니다. 그건 제가 그쪽 유적지 발굴을 해 봐서 잘 압니다. 하지만 비파형 동검이 출토된 지역이 모두 고조선 영역은 아닙니다. 비파형 동검은 일본에서도 나오고, 요동 서쪽에 있는 요서 지역에서도 나옵니다. 그럼 요서나 일본도 고조선 영역입니까?

재야 유물이 나온다고 다 영역이었다는 게 아닙니다. 유물은 교류 과정에서 얼마든지 다른 지역에서도 나올 수 있습니다. 하지만 만주와 요동 그리고 한반도 북부에서 집중적으로 많이 나오는 건 사실입니다. 이건 다름 아닌 고조선이 만주와 한반도를 아우르는 대제국이었다는 증거죠.

정통 고조선이 한반도 최초의 국가는 맞지만, 님이 주장하는 것처럼 만주와 연해주, 한반도를 지배한 대제국은 아닙니다. 요동에서 성장하다가 중국 세력에 밀려 대동강 유역에 자리를 잡았다가 한나라 침략에 멸망한 국가입니다. 민족주의도 좋지만 자꾸 대제국이니 뭐니 하며 국수주의 사관을 가지고 이야기하시면 곤란하죠.

재야 고조선의 중심 영역이 대동강 유역이었다는 견해는 일제 식민 사학자와 동북공정을 진행하며 우리 역사를 왜곡하는 중국의 역사학자 그리고 일제 식민 사관의 세례를 받은 한국의 정통 주류 사학자들의 공통된 견해입니다. 저더러 국수주의라고 하시는데, 님이야말로 아직도 일제 식민 사관에서 벗어나지 못하고 있는 거 아닙니까.

사회 아, 두 분 여기서 이러시면 안 됩니다. 중국과 일본의 학자 분도 와 계신데, 동북공정이니 일제 식민 사관이니 하시면 제 입장이 곤란합니다. 아무래도 이쯤에서 그만 토론을 정리해야 될 것 같습니다. 고조선 영역에 관해서 정통 쪽은 한반도 내 대동강 중심, 재야 쪽은 중국 동북 지역의 요동 중심, 이렇게 견해가 갈리는 것 같습니다. 최근에는 요동에서 대동강으로 중심이 이동했다는 이동설도 설득력을 얻고 있는 것 같습니다. 그럼 오늘 토론을 여기서 마칠까 했는데, 지금 중국 학자께서 토론을 지켜보신 소감을 말씀하시겠다고 하네요. 원래 옵서버는 발언권이 없습니다만, 긴 시간 동안 토론을 지켜봤으니까 짧게 발언 기회를 드리도록 하겠습니다.

중국 학자 토론 잘 봤다 해. 우리 살람이 지금 중국 동북 지역(만주)에 대한 역사를 공정하게 만들기 위해 연구를 진행하고 있다 해. 그런데 한국의 정통 사학

자들께서 고조선 영역을 대동강 유역으로 말해 줘서 엄청 고맙다 해. 설령 고조선이 만주에 있었다 해도 원래 거기가 우리 땅이니까. 만주에 있던 고조선과 고구려의 역사는 우리 역사의 일부다 해.

일본 학자 그 논리는 우리 일제가 조선을 강점했을 때 이미 다 정리했스므니다. 그리고 조선 역사를 반만 년이라고 하는데, 2000년밖에 안 되므니다. 단군은 신화일 뿐이므니다.

사회 두 분 여기서 이러시면 안 됩니다. 아무쪼록 돌아가실 때 뒤통수 조심하시고요. 독자 여러분도 앞으로 이 문제에 대해서 늘 관심을 가지고 지켜봐 주시기 바랍니다. 이상으로 '단군조선, 신화인가 역사인가' 토론을 모두 마치겠습니다. 그리고 이어지는 '만화로 보는 한국사 명장면-왕검성 최후의 항쟁'도 즐겁게 감상해 주시기 바랍니다. ^^ Ⓗ

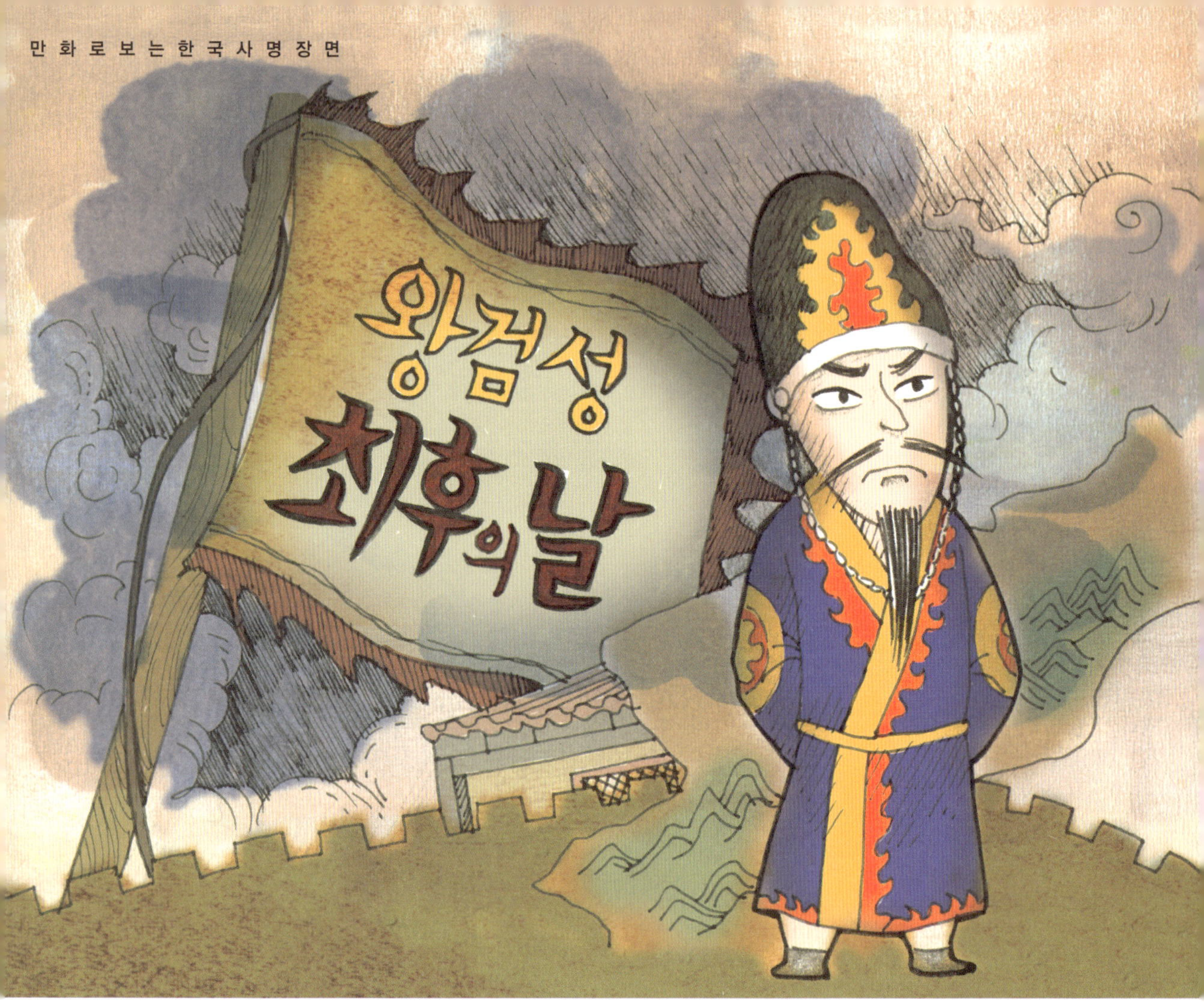

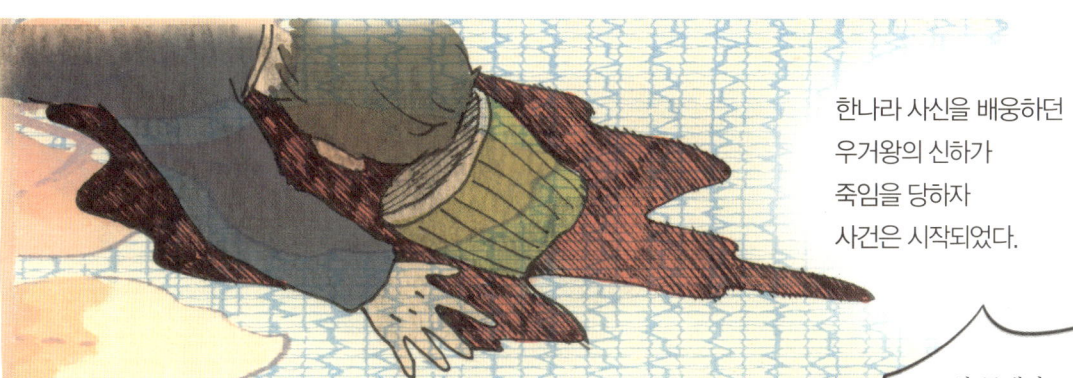

한나라 사신을 배웅하던 우거왕의 신하가 죽임을 당하자 사건은 시작되었다.

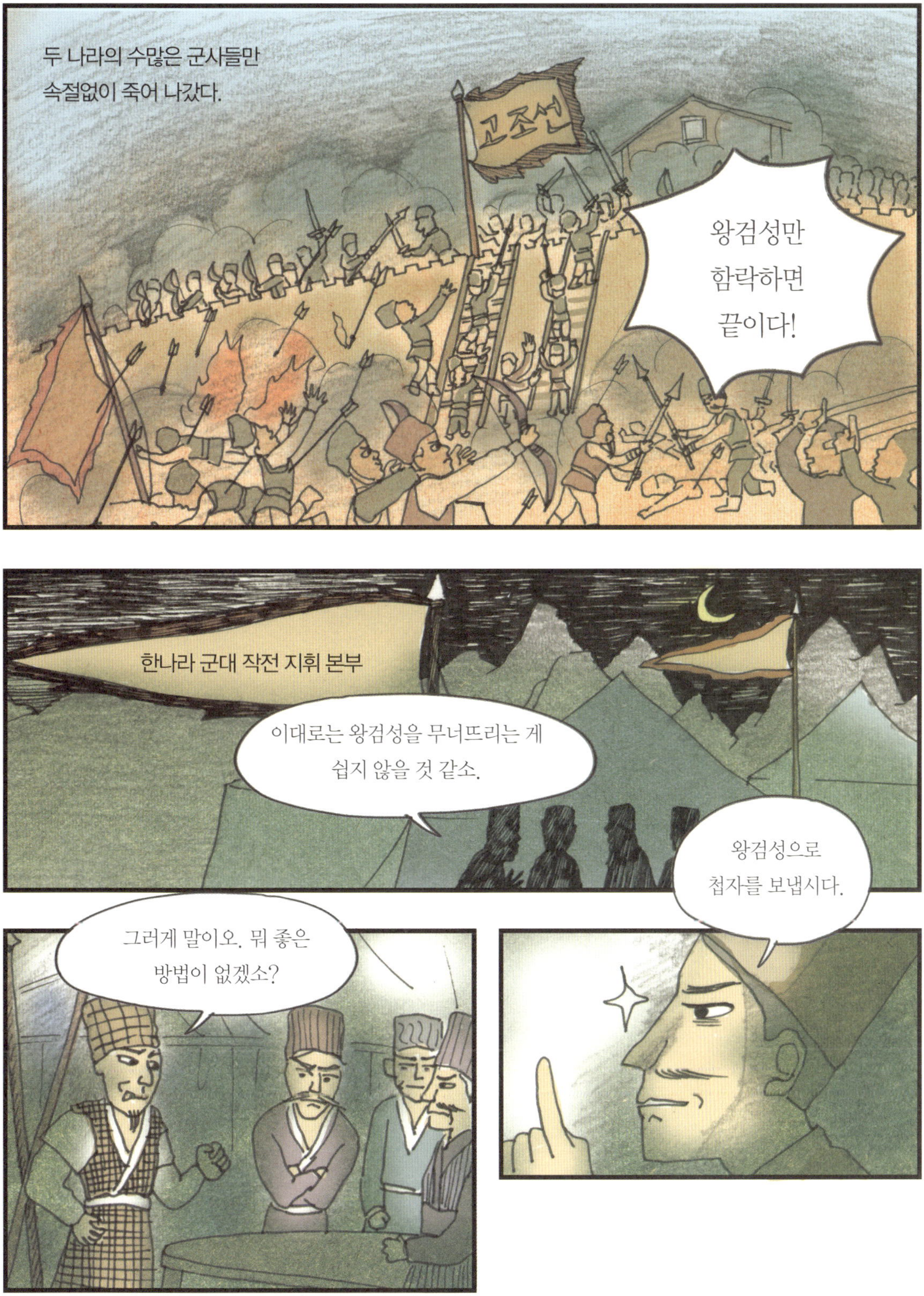

결국 고조선의 자존감을 지키며
끝까지 한나라와 맞섰던 우거왕은 죽임을 당했고,

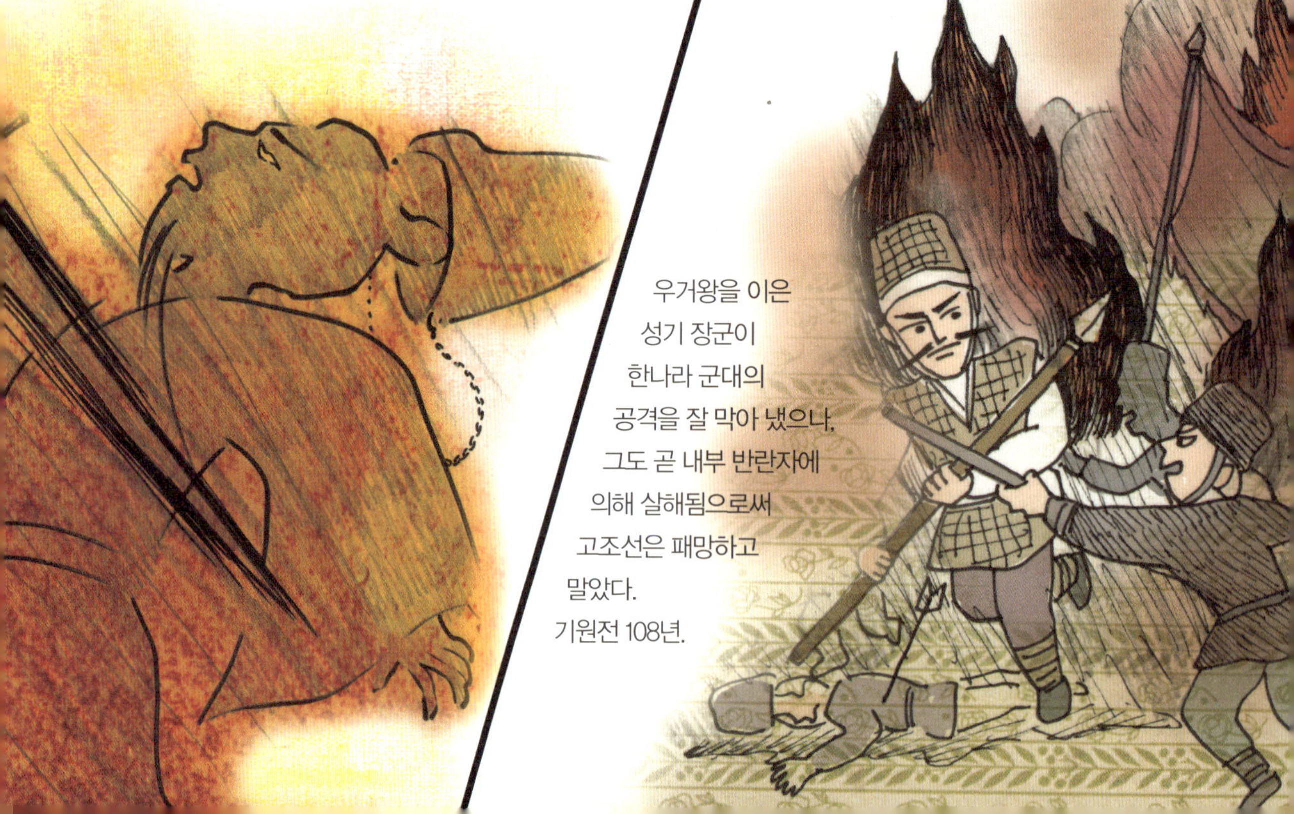

우거왕을 이은 성기 장군이 한나라 군대의 공격을 잘 막아 냈으나, 그도 곧 내부 반란자에 의해 살해됨으로써 고조선은 패망하고 말았다. 기원전 108년.

고조선이 무너졌지만 한나라도 이긴 전쟁이라 할 수 없었다. 한 무제는 전쟁을 이끌었던 두 장수에게 전쟁 실패의 책임을 물어

한 사람은 처형하고, 한 사람은 평민으로 강등시켰다.

고조선 멸망 이후 한나라는 고조선 옛 땅에 한나라 통치 기구인 한사군을 설치했다. 하지만 한사군은 고조선 유민들의 반발로 30년이 안 돼 폐지되었고, 낙랑군만 남았다가 313년에 고구려에 의해 멸망했다. 그동안 한사군은 한반도 내에 설치됐다는 주장이 통설처럼 받아들여졌으나, 오늘날에는 한반도 내인지 요동 지역인지, 심지어 설치된 적이 있긴 한 건지에 대한 논란이 있다. 고조선 멸망 이후에도 우리 민족은 여전히 바로 그 땅에서 새로운 나라를 일구며 살아왔다.

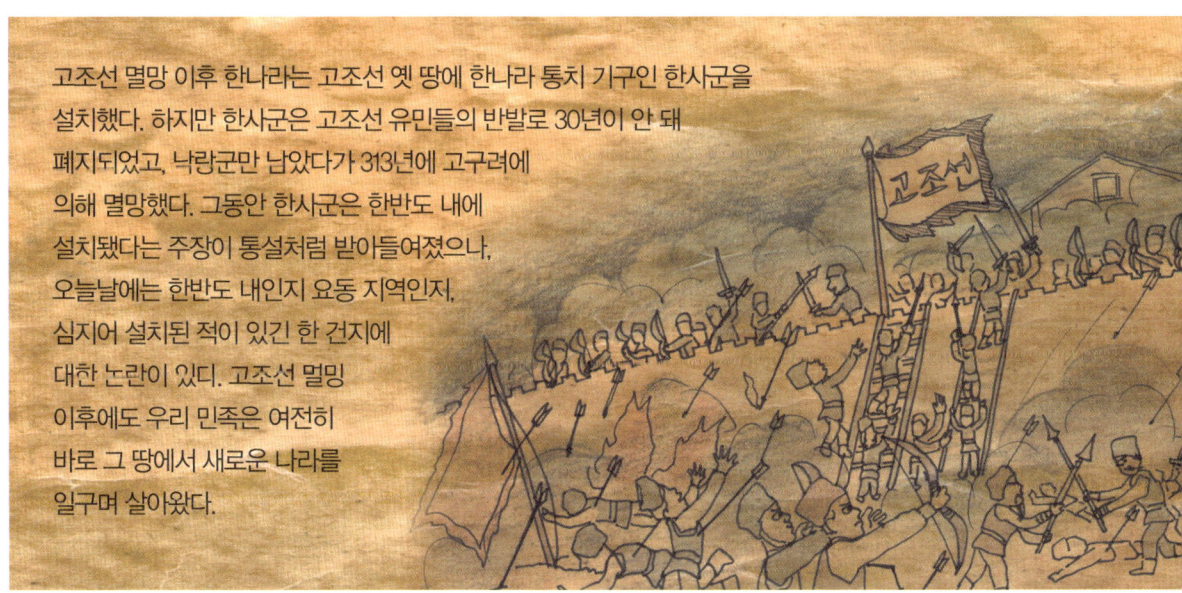

부여, 동예, 옥저, 삼한을 찾아서

고조선이 망했다. 하지만 고조선 주변에는 크고 작은 나라들이 무럭무럭 자라고 있었다.
《특종! 달려라 한국사》편집실에서는 바로 그 주변 나라인 부여, 동예, 옥저, 삼한으로
역사 유람을 다녀왔다. 거기엔 신기한 게 참 많았다.

광활한 만주 벌판에 자리 잡은 부여

부여

고조선이 멸망한 이후 만주와 한반도에 어떤 나라가 있는지 살펴보기 위해 유람에 나섰다. 많은 역사책에서 부여, 동예, 옥저, 삼한을 고조선 다음에 나타난 나라들이라고 서술하고 있지만, 그건 잘못 알려진 사실이다.

그 나라들은 고조선 멸망(기원전 108년) 이전부터 이미 만주와 한반도 곳곳에 터를 잡고 있었다. 그리고 고조선과 한 하늘 아래 있을 때나 고조선이 망한 지금이나 별일 없이 잘 지내고 있다.

이번 유람은 북만주에 있는 부여에서 시작해 옥저와 동예를 거쳐 한반도의 중남부에 있는 삼한으로 내려오는 여정인데, 그 나라의 역사와 지리, 생활 풍속 등을 눈여겨봤다. 차차 이야기하겠지만 각 나라마다 신기한 풍속이 아주 많다.

첫 유람지인 부여는 북만주 송화강 유역에 자리 잡은 나라다. 부여는 위만조선이 망하기 전인 기원전 3세기 무렵에 이미 이 지역에 자리를 잡고 살기 시작했다. 남쪽으로는 옥저, 동쪽으로 읍루, 서쪽으로는 선비 그리고 북쪽으로 큰 강과 접해 있었다.

광활한 만주 벌판이란 말을 들어 보았을 것이다. 북만주에 위치한 부여 땅은 말 그대로 광활하기 그지없는데, 그토록 넓은 평원에서는 오곡이 무성하게 자란다.

송화강
부여는 바로 이 송화강 유역에 자리 잡은 나라이다.

땅이 넓고 편평하다 보니 말을 기르기에도 좋다. 그래서 부여에서 기른 말은 이웃 한나라에서도 명마라 불릴 만큼 인기가 아주 좋다고 한다.

부여에는 신기한 건국 신화가 있다. 부여를 건국한 동명왕은 부여보다 북쪽에 있는 탁리국 왕의 시녀한테서 태어났는데, 어려서부터 활을 잘 쏘았다고 한다. 동명이 의젓한 청년으로 자라자 그를 시기하는 자들이 있어 부하들을 데리고 남쪽으로 내려와 부여를 세웠다고 한다. 동명이 군사들에게 쫓겨 남쪽으로 내려올 때, 눈앞에 강물이 가로 막힌 일촉즉발의 상황에서 물고기와 자라가 다리를 놓아주어 무사히 강을 건넜다는 이야기는 잘 알려져 있다.

온후한 사람들이 사는 나라

부여에 오기 전에 부여 사람들의 성정이 온후하고 평화를 사랑한다는 이야기를 많이 들었다. 과연 부여에 와서 사람들을 만나 보니 그냥 나온 말이 아닌 듯싶다.

노랫소리가 끊이지 않는 부여

밤낮없이 어울려 덩실덩실 춤을 추고

누가 부여 후손들 아니랄까 봐

21세기 대한민국도…

노래방 숫자 비공식 세계1위!

노래방 인기, 이유 있었네!

게다가 그들은 처음 본 사람들한테도 인심이 후했다. 그렇다고 부여 사람들이 마냥 순한 건 아니다. 이제껏 어느 나라와 싸워서 패해 본 적이 없을 만큼 강하다.

말, 소, 돼지, 개의 이름을 딴 부여의 최고 귀족들은 왕도 갈아치울 만큼 힘이 세다. 가령, 날씨가 고르지 못해 물난리나 가뭄이 생겨 흉년이 들면 그 허물을 왕에게 돌려 왕을 갈아치우거나 심지어 죽이기까지 한다. 법도 엄격한 편이다. 사람을 죽인 자는 당연히 사형시키고, 그 가족은 노비로 삼는다. 여자가 간음하거나 심하게 질투를 해도 사형이다. 남의 물건을 훔치면 열두 배로 갚아야 한다.

아무리 생각해도 성격이 온후하고 평화를 사랑하는 사람들치고는 법이 좀 가혹하지 않나 싶다. 하지만 이런 엄한 법이 있기에 사회가 유지되고 온후한 사람들이 편안하게 살 수 있는지도 모르겠다.

나는 부여를 유람하는 동안 아주 특이한 장면을 거의 날마다 목격했다. 부여 성안에 사는 사람들은 남녀노소 가릴 것 없이 밤이고 낮이고 종일토록 노래를 부르며 다닌다. 처음엔 무슨 축제 기간인가 했는데, 그냥 일상의 풍경이었다. 이토록 노래를 좋아하는 민족이 또 있을까 싶을 정도다. 그래서 나는 어차피 고조선도 망했는데, 기자 짓 그만두고 부여에 와서 노래방이나 할까 생각도 했다.

축제 이야기가 나와서 하는 말인데, 부여를 떠나기 전 실제로 축제를 보는 행운을 얻었다. 부여에서는 가을 추수가 끝나고 겨울 사냥철이 시작되는 12월에 하늘에 추수감사제를 지내는 풍습이 있다. 이것을 '영고'라고 하는데, 제사장이 큰 북을 두드리면서 하늘에 제사를 지내는 모습이 굉장히 인상적이었다.

부여는 고구려와 백제의 뿌리

부여는 우리 역사에서 잘 알려져 있지 않지만 무척 중요한 나라다. 고구려와 백제가 부여에서 나왔기 때문이다. 고구려를 세운 주몽은 부여 출신으로 그곳을 탈출해 졸본성에서 고구려를 건국했다. 고구려의 건국 신화는 부여의 것과 비슷하다. 백제의 왕들은 자기들의 뿌리가 부여라고 생각했다. 온조는 백제를 세우고 자기들이 부여씨라고 했다. 고구려와 백제의 뿌리라 할 수 있는 부여는 5세기 말 고구려에 정복돼 역사의 뒤안길로 사라지게 된다.

제사가 끝나자 귀족 대표들이 모여 중대한 범죄자를 불러내 재판을 했다. 그러더니 사형을 선고하고 나서 바로 사형시켜 버리는 것이었다. 나는 그 모습을 보고 부여에 와서 노래방이나 할까 했던 생각을 접었다.

사형 집행이 끝나자 사람들은 먹고 마시고 노래하고 춤을 추었다. 그들은 축제가 벌어지는 몇 날 며칠 동안 낮이고 밤이고 음주가무에 빠져 살았다. 즐길 땐 즐길 줄 아는 부여 사람들, 나도 며칠간 그들을 따라 축제를 즐기느라 힘들어 죽는 줄 알았다.

해산물이 풍부한 옥저

부여를 떠나 남쪽으로 향했다. 만주 벌판을 지나 두만강을 건너 동쪽으로 가다 보니 옥저가 나왔다. 옥저는 북으로는 부여, 읍루와 접하고, 남으로는 동예, 동쪽은 바다와 접해 있다. 위만조선 시대에는 그 영향 아래 있다가 기원전 2세기 말 중국 한나라에 의해 위만조선이 멸망되고 한사군이 설치되는 과정에서, 기원전 107년 한사군의 하나인 현도군의 일부가 되었다.

부여, 옥저, 동예, 삼한 자료는 어디에?

부여, 옥저, 동예, 삼한 등에 관한 우리 쪽 자료는 많지 않다. 이 나라들에 관한 정보는 중국의 역사책인 《삼국지》〈위서〉 '동이전'에 가장 많다. 《삼국지》는 말 그대로 유비와 조조, 손권 등이 활약하던 시대를 담은 역사책. 이 가운데 조조의 위나라 역사를 다룬 부분이 〈위서〉이고, 그 〈위서〉 가운데 동쪽 오랑캐에 관해 기록한 게 '동이전'이다. 그렇다면 우리 민족이 오랑캐? 중국은 자기네 빼고 다른 나라를 모두 오랑캐라고 했다니까 그냥 그러려니 이해하자.

함경남도 해안 지대에서 두만강 유역 일대에 걸쳐 존재했던 옥저는 전체적인 지형이 산을 등지고 바다를 향하고 있는데, 바다를 접하고 있어서 그런지 옥저에는 해산물이 풍부하고 소금이 많이 난다. 그리고 옥저에 와서 보니 의식주 생활과 예절 같은 풍습이 대체적으로 고구려와 비슷했다.

고구려와 다른 특이한 점은 민며느리제라는 결혼 풍습인데, 장차 며느리가 될 여자아이를 데려다 키워서 성인이 되면 남자 쪽에서 물품으로 대가를 치르고 혼례를 올리던 매매혼 제도를 말한다. 반면에 고구려에서는 데릴사위제라는 결혼 풍습이 있는데, 남녀가 혼인을 하면 아이를 낳을 때까지 남자가 여자 집에서 처가살이를 하는 제도이다. 그러다가 아이를 낳으면 처자식을 데리고 남자 집으로 돌아오는 것이다. 여자를 데려가려면 처가에서 일을 열심히 해서 보탬을 주라는 뜻에서 그런 건지 모르겠다.

단군과 과하마, 무천의 나라 동예

옥저를 떠나 동예로 들어왔다. 동예는 옥저에서 동해안을 따라 조금만 내려가면 바로 나온다. 북쪽으로 고구려, 옥저와 접하고, 남으로는 삼한의 진한, 동쪽은 바다로 둘러싸여 있다. 동예 주민들은 옥저처럼 읍락을 이루고 사는데, 농업을 생업으로 삼고 있다.

무엇보다 동예에는 특산품이 많이 생산된다. 예를 들어 보통 활보다는 작지만 탄력이 좋은 단궁, 과일 나무 아래서도 타고 지날 수 있을 만큼 작은 조랑말인 과하마 그리고 바다표범 가죽인 반어피가 동예가 자랑하는 향토 특산물이다. 동예의 특산물은 품질이 우수해 중국 한나라에서도 큰 인기를 끌고 있다고 한다.

동예의 읍락은 산과 강을 경계로 자리 잡고 있는데, 사람들은 남의 읍락에 함부로 들어가지 못했다. 주민에게 그 까닭을 물어봤더니, 동예 사람들은 산과 강의 경계를 무척 중요하게 여기기 때문이라고 했다. 만일 이를 어길 경우 노비나 소, 말로 배상을 해야 한다고 한다. 이런 풍습을 책화라고 했다.

동예도 농사를 중시하는 농경 사회다 보니 10월에 '무천'이라는 추수 감사제를 지낸다. 이때는 부여에서처럼 종일토록 먹고 마시고 노래하고 춤을 춘다는데, 나는 부여에서 충분히 축제를 즐겼기 때문에 무천 행사는 그냥 지나치기로 했다.

마한, 진한, 변한의 삼한

동예를 떠나 삼한 땅으로 넘어왔다. 삼한이란 마한, 진한, 변한을 한데 묶어 이르는 말인데, 마한은 경기·충청·전라도 지역에, 진한은 경주와 대구 중심의 경상도, 변한은 김해 쪽 경상도에 자리 잡고 있다.

중국 사료에 따르면 삼한은 위만조선 때인 기원전 2세기경까지만 해도 진국이라 기록돼 있다. 거기에는 "삼한이 모두 진국에서 발전한 것"이라고 나와 있다. 위만한테 속아 왕권을 내준 고조선의 준왕이 부하들을 데리고 간 곳이 바로 진국이었다.

제천 의림지
삼한 사람들은 빗물을 저장해 두었다가 농사지을 때 쓰려고 이 같은 저수지를 만들었다.

고조선과 삼국 시대의 징검다리

부여, 동예, 옥저, 삼한은 고구려, 백제, 신라처럼 강력한 고대 국가로 발전하지 못했다. 하지만 이 나라들은 고조선에서 삼국 시대로 이어지는 발전 과정에서 징검다리 구실을 톡톡히 했다. 부여와 동예, 옥저를 통합한 고구려가 동아시아의 강국이 되었고, 백제는 마한에서, 신라는 진한에서, 가야는 변한에서 비롯되었다. 하나 더. 우리 민족을 한민족이라고 하고, 나라 이름을 한국이나 대한민국이라고 하는데, 이때의 '한'이 바로 삼한의 '한'에서 나왔다는 사실이다.

부여와 여러 나라들

삼한이 자리 잡은 한반도 중남부는 청동기 시대부터 농업이 발달했다. 삼한 여기저기를 다니는 동안 너른 강을 끼고 펼쳐져 있는 논과 밭들을 많이 볼 수 있었다. 특이한 건 벼농사를 지을 때 물을 대는 저수지가 여러 군데 있었다. 예를 들면 제천의 의림지, 김제의 벽골제 같은 저수지가 벼농사에 물을 대던 저수지였다.

변한의 중심지인 김해를 유람할 때는 색다른 풍경을 목격했다. 김해는 낙동강 중상류의 내륙으로 들어가는 관문이자 서해와 왜(일본)로 나가는 출구인데, 이곳에 국제 무역 시장이 열리고 있었다. 시장에서는 변한의 특산품인 철이 주로 수출되었고, 중국과 왜(일본)로부터는 사치품이 수입되었다. 중국 상인들이 들여온 사치품 가운데 변한과 진한 주민들한테 가장 인기 있는 건, 비단 장수 왕서방이 가져온 한나라 비단과 형형색색의 유리구슬이다.

변한의 상류층 사람들이 금이나 은보다 물 건너 온 유리구슬을 더 좋아한다고 해서 그 까닭을 물었더니, 청동기 시대 족장들이 청동 방울을 장신구로 사용하는 것을 많이 봐 와서 그런 것 같다고 귀띔해 주었다. 아닌 게 아니라 변한 지역 여기저기를 돌아다니다 보니 유리구슬로 장식한 귀걸이와 목걸이를 하고 다니는 상류층 사람들이 심심찮게 눈에 띄었다. 마한에서는 남자들이 몸에 문신을 하고 있어 그 까닭을 물었더니, 저 아래 남방 지역에서 들어온 문화라고 했다.

농업이 발달한 지역답게 삼한도 추수 감사제를 지내고 있는데, 부여나 동예와 다른 건 씨를 뿌리고 난 5월과 수확을 하고 난 10월 두 차례 제천 행사를 한다는 점이다.

삼한에는 천신에게 제사를 지내던 성지인 소도라는 신성한 지역이 있는데, 죄인이 이곳으로 달아나더라도 잡아가지 못하였다고 한다. 삼한 유람의 마지막 코스로 소도를 방문해 보고 싶었으나, 죄를 짓지 않은 사람은 들어올 수 없다고 막는 바람에 들어가 보지는 못했다. 믿거나 말거나. Ⓗ

제천행사광고

추수 감사제
'땡큐 페스티벌'에 여러분을 초대합니다!

"북을 울리고, 춤을 추며 천신께 감사를!"

만주와 한반도에 흩어져 있는 한민족 여러분!
올해도 어김없이 수확의 계절이 돌아왔습니다.
곡식을 잘 영글게 해 주신 하늘에 추수 감사제를 드립시다.

12월 부여에서 열리는 영고
10월 고구려에서 열리는 동맹
10월 동예에서 열리는 무천
5월과 10월 삼한에서 열리는 제천 행사에 참여하여
마음껏 마시고 노래하고 춤추며 우리 한 번 놀아, 봅시다!

1부 행사_하늘에 제사
2부 행사_귀족 회의 및 공개 재판, 처형이냐 석방이냐
3부 행사_주민 행복 시대를 위한 음주가무

주최 | 각 나라 제사장협의회   주관 | 제천 행사 공동조직위원회   후원 | 각 나라 우두머리연합회

한국사 X 파일

- 부여 왕자 주몽, 고구려를 세우다
- 고구려 왕자 온조, 백제를 세우다
- 박혁거세와 김수로, 신라와 가야를 세우다
- 삼국의 기틀을 다진 3인방

삼국과 가야 탄생의 비밀

고조선이 역사의 뒤안길로 사라진 공백을 깨고 나라 세우기 열풍이 거세게 불고 있다. 압록강 중상류 골짜기에서 고구려, 한강 남쪽에 백제, 경주에서 신라 그리고 김해에서 가야가 각각 건국 신고를 마쳤다. 삼국과 가야가 세워지는 과정에서 믿지 못할 일들이 많이 일어났다는 제보를 받고, 《특종! 달려라 한국사》 편집실이 삼국과 가야 탄생의 비밀을 찾아서 진실 추적에 나섰다.

집중분석

부여 왕자 주몽, 고구려를 세우다

기원전 37년, 주몽이 고구려를 건국했다. 고구려를 건국하는 과정에서
말 못할 어려움이 많았다는데, 건국 과정과 그 속에 숨어 있는 진실을
명탐정 홈즈보다 꼼꼼한 이 기자가 하나하나 파헤친다.

진실 추적 1 알에서 태어나다

주몽이 졸본 지역에서 고구려를 건국했다는 사실이 알려지자, 사람들은 그것보다 그의 출생에 얽힌 비밀과 건국 과정에서 일어난 기적 같은 일에 더 큰 관심을 쏟고 있다. 과연 주몽을 둘러싼 기이한 소문과 진실은 무엇일까. 주몽의 건국 과정을 따라가면서 그 안에 담긴 진실을 하나하나 추적해 보자.

주몽을 둘러싼 첫 번째 소문은 출생의 비밀. 주몽의 출생 이야기는 단군 신화 못지않게 창조적이다. 알려진 바에 따르면 주몽은 알에서 태어났다고 한다. 먼저 그에 관한 이야기부터 들어 보자.

동부여의 금와왕이 어느 날 우발수라는 강가를 지나던 중 혼자 울고 있는 여인을 발견했다. 금와왕이 그냥 지나치지 못하고 사연을 묻자, 여인이 대답했다.

"저는 물의 신 하백의 딸 유화라고 합니다. 어느 날 동생들을 데리고 물놀이를 나왔다가 해모수를 만나 정을 통하게 되었습니다. 그 후로 해모수는 저를 놔두고 가 버렸습니다. 아버지가 이 사실을 알고 부모 허락 없이 남자를 사귀었다고 저를 이곳에 귀양 보냈습니다. 흑흑."

금와왕은 유화를 딱하게 여겨 궁궐로 데려와 방을 하나 내주었다. 그러던 어느 날 강한 햇빛이 유화를 따라다니며 비치더니, 얼마 뒤 유화가 임신했다. 그 후 유화가 아이를 낳았는데, 놀랍게도 커다란 알이었다.

오녀산성
천연의 요새를 자랑하는 오녀산성은 고구려의 첫 도읍지로 알려져 있다. 산 위에는 넓은 평지와 샘물이 있어 사람이 살기에 별다른 불편함이 없었다. 중국 라오닝성 환런현.

　금와왕은 불길한 징조로 여겨 그 알을 개와 돼지에게 주었지만, 모두 먹지 않았다. 또 길가에 버렸더니 소와 말이 알을 피해 다녔다. 다시 들판에 내버렸더니 새가 깃털로 품어 주었다. 가져다 알을 깨뜨려 보기도 했지만 깨지지 않았다. 결국 금와왕은 그 알을 유화에게 도로 가져다주었다. 그리고 얼마 뒤 알을 깨고 튼튼하고 잘생긴 사내아이가 태어났는데, 그 아이가 바로 주몽이다.

　사람이 알에서 태어났다는 건 신화에서나 가능한 일이다. 단군조선 때부터 건국 신화 연구에 매달려 온 한 학자는 "이제 겨우 단군신화 분석을 끝냈는데, 이번엔 알이냐?"라고 황당해하면서도 나름 의미 있는 분석을 내놓았다.

　"나라를 세운 시조가 신성한 존재라는 걸 강조하는 과정에서 나온 이야기 같습니다. 고구려를 세운 주몽은 하늘의 자손이니 주몽의 말을 잘 듣자. 이런 얘기를 하고 싶었던 거겠지요. 알은 보통 새와 연결되고, 새는 하늘을 상징하거든요."

　이제 알겠다. 주몽이 하늘의 자손이라는 걸 강조하기 위해서 신선한 알, 앗 실수, 신성한 알에서 태어났다고 하는 거였군.

진실 추적 2 일곱 살 때 백발백중

주몽에 관한 두 번째 소문은 활 솜씨.

부여에서는 활을 잘 쏘는 사람을 주몽이라고 한다. 그렇다면 주몽도 활을 잘 쐈다는 이야기인데, 문제는 잘 쏴도 너무 잘 쐈다는 거다.

전설에 따르면 주몽이 일곱 살 때 파리가 하도 귀찮게 굴어서 직접 활과 화살을 만들어 쐈는데, 백발백중이었단다. 파리가 무슨 꿩 같은 새도 아니고, 게다가 일곱 살에 직접 활을 만들어 쐈다니.

주몽의 활 솜씨에 관해 놀라운 일이 하나 더 있다. 주몽이 부여의 왕자들과 어울려 사냥을 나갔는데, 그 왕자들이 주몽에게 화살을 조금밖에 안 주었다.(이것으로 보아 주몽은 금아왕이 서기인 듯) 하지만 주몽은 더 직은 화살을 가지고도 왕자들보다 더 많은 사슴을 잡았다.

그렇다면 일곱 살 때 직접 활을 만들어 쐈다는 이야기는 진짜일까. 오랫동안 주몽을 가장 가까이에서 지켜본 절친(21세기 은어로 가장 친한 친구라는 뜻. 일명 베프) 오이는 "주몽이 일곱 살 때 활을 직접 만드는 걸 보진 못했다."라면서도 "주몽이 정말 활을 잘 쏘는 건 사실."이라고 말했다.

나중에 고구려를 세우고 난 뒤 주변 나라들을 정복할 때, 비류국의 송양왕과 활 솜씨를 겨뤄 비류국을 접수한 사실만 봐도 주몽의 활 솜씨가 어느 정도였는지 알 만하다. 따라서 주몽이 활을 잘 쏜 건 사실인 듯하다.

진실 추적 3 **자라와 물고기가 다리를 만들어 주다**

주몽에 관한 세 번째 소문은 주몽이 부여 군사들에게 쫓겨 강가에 이르렀을 때 물고기와 자라 등을 밟고 강을 건넜다는 것. 이 소문이 과연 사실인지 주몽의 부여 탈출 이야기를 따라가 보자.

백발백중 활 솜씨를 자랑하는 주몽은 자신의 뛰어난 활 솜씨 때문에 외려 목숨이 위태로운 지경에 이른다. 부여의 왕자들은 주몽이 용모도 수려하고 활 솜씨도 빼어나, 가만있다간 주몽한테 왕 자리를 빼앗길지도 모른다는 생각이 들었다.

곧 왕자들은 주몽을 죽이려고 작전을 짜는데, 이 사실을 미리 알아챈 주몽의 어머니 유화가 주몽에게 어서 부여를 떠나라고 재촉한다. 그리하여 주몽은 친구인 오이, 마리, 협보와 함께 부여를 탈출한다.

그런데 네 사람이 부여 군사들에게 쫓겨 엄사수라는 강에 이르렀는데, 그 어디에도 건널 수 있는 다리가 없었다. 일촉즉발의 순간, 주몽이 물을 향해 외친다.

"나는 천제의 아들이요, 하백의 외손자다. 지금 도망가는 길인데 뒤쫓는 자가 코앞에 닥쳤으니 이 일을 어찌할꼬?"

주몽의 탄식이 끝나자마자 물고기와 자라가 쫙 몰려오더니 다리를 만들었다.

주몽 이후의 고구려

주몽이 고구려를 세운 졸본 지역은 산이 많은 척박한 땅이었다. 그래서 주몽 이후 고구려의 왕들은 부여, 동예, 옥저를 비롯해 주변의 나라들을 정복하는 데 힘을 쏟았다. 그 결과 압록강 유역과 만주와 한반도 북부 지역을 아우르는 동아시아의 강국으로 성장했다.

주몽 일행은 즉시 물고기와 자라 등을 밟고 무사히 강을 건넜다. 쫓아오던 부여 병사들이 강을 건너려 할 때는 이미 물고기가 사라진 뒤였다.

그렇다면 주몽과 물고기 다리의 진실은 무엇일까. 단군조선 때부터 건국 신화 연구에 매달려 온 한 학자는 "이제 겨우 주몽의 알에 관한 신화 분석을 끝냈는데, 이번엔 물고기냐?"라고 황당해하면서도 나름 의미 있는 분석을 내놓았다.

"그건 주몽이 온갖 고난을 무릅쓰고 나라를 세웠다는 걸 알려 주기 위해 만든 이야기 같습니다. 그러니까 이런 영웅 신화는 하늘의 도움으로 기적적으로 고난을 이겨 냈다는 점을 강조하는 과정에서 만들어진 이야기라고 봐야 합니다."

안타깝게도 내가 그 현장에 없어서 확신할 수 없지만, 혹시 주몽이 강을 건넌 계절이 겨울이 아니었을까. 겨울이라면 만주 지역의 강은 온통 꽁꽁 얼어붙으니까 혹독한 추위를 무릅쓰고 말을 타고 강을 건넜다는, 뭐 그런 얘기.

진실 추적 4 소서노의 도움을 받았다

물고기와 자라 덕분에 강을 무사히 건넌 주몽 일행은 마침내 졸본 지역에 이르러 고구려를 건국했다. 그 과정에서 주몽에 관한 마지막 비밀과 만나게 된다.

지금까지 알려진 바로는 강을 건넌 주몽은 모둔곡이라는 곳에서 재사, 무골, 묵거 세 사람을 만나 그들과 함께 졸본에 이르러 고구려를 세웠는데, 그 당시 별로 가진 것이 없어서 초막을 짓고 나라 살림을 시작했다고 한다.

그런데 이와 다른 이야기가 사람들 사이에 퍼져 있다. 주몽이 압록강 유역의 졸본에 왔을 때 졸본부여의 왕은, 주몽이 보통 사람이 아님을 알고 그의 딸 소서노를 아내로 삼게 했다. 그 후 왕이 죽자 주몽이 왕위를 이었는데, 그때 소서노가 중요한 역할을 했다는 소문이다. 어느 것이 맞는 이야기일까.

주몽이 세 명의 신하를 만나 그들의 도움을 받아 고구려를 세웠다는 이야기나, 소서노의 도움으로 고구려를 세웠다는 이야기 모두 사실일 가능성이 크다. 왜냐하면 고구려 건국 과정에서 이주 집단인 주몽이 실제로 토착 세력의 도움을 받았기 때문이다.

탄생 순간부터 고구려 건국까지 온갖 신화와 영웅담을 뿌려 대며 고구려 건국에 성공한 주몽. 앞으로 주몽이 신화라는 장막을 걷어 내고, 치열한 역사의 무대에서 당당히 자신의 존재를 드러내 보이기를 기대해 본다. Ⓗ

★ 주몽 도우미 3종 세트

유화, 예씨, 소서노 주몽을 도운 여인 3걸. 유화 부인은 주몽을 낳아 준 어머니로 주몽이 부여를 탈출하는 데 가장 큰 기여를 한 인물. 예씨는 주몽의 첫 번째 부인이자 아들 유리의 어머니. 소서노는 두 번째 부인으로 주몽이 고구려를 건국하는 데 큰 도움을 준 여인.

오이, 마리, 협보 주몽의 가장 친한 벗 3총사. 주몽이 부여에서 지내는 동안 주몽의 팔다리가 되어 준 벗들. 부여에서 탈출할 때부터 나라를 세울 때까지 주몽의 측근으로 맹활약한다.

재사, 무골, 묵거 건국에 도움을 준 신하 3인. 주몽 일행이 부여 탈출에 성공한 이후 처음 만난 사람들로, 도읍을 정하고 고구려를 세울 때 큰 도움을 준 신하들.

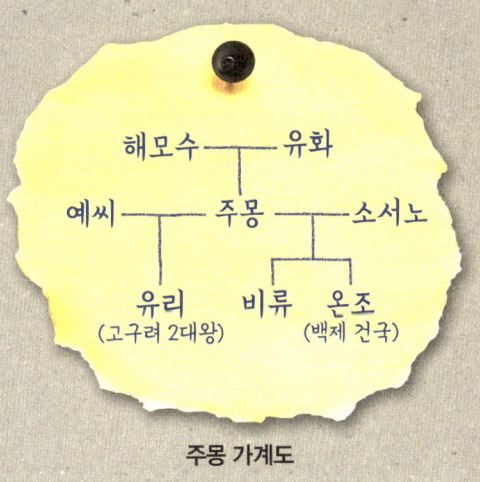

주몽 가계도

동행취재

고구려 왕자 온조, 백제를 세우다

주몽의 뒤를 이어 고구려의 왕이 될 것으로 예상됐던 비류와 온조가 돌연
고구려를 떠났다. 두 형제는 각각 위례성(서울)과 미추홀(인천)에 자리를 잡고
새 나라를 세웠다. 그 사이 두 형제에게 무슨 일이 있었던 것일까.

굴러온 돌과 박힌 돌

주몽이 고구려를 건국한 이후 나는 주몽이 어떻게 나라를 다스리는지를 취재하기 위해 고구려 왕실에 머무르고 있었다. 하지만 어느 곳에 황룡이 나타났다느니, 성곽과 궁을 건축했다느니, 북옥저를 쳐서 고구려의 성읍으로 삼았다느니 하는 사건 말곤 이렇다 할 큰 뉴스거리가 없었다.

하긴 주몽이 부여를 탈출해 고구려를 세운 사건 자체가, 모세가 이집트에서 노예 생활을 하던 이스라엘 백성을 이끌고 홍해를 건넌 사건만큼 빅뉴스였으니, 어떤 사건이 터진들 크게 주목을 끌 수 있을까.

그래서 나는 주몽의 아들인 비류와 온조 왕자와 함께 사냥을 다니며 한가한 시간을 보내고 있었다. 그러던 어느 날 뜻하지 않은 특종을 낚았다. 부여에 있던 주몽의 아들 유리가 아버지를 찾아온 것이다.

유리는 주몽이 부여를 탈출할 때 예씨 뱃속에 있던 주몽의 맏아들이었다. 장남이 아버지를 찾아왔으니 왕위 계승 문제가 큰 이슈로 떠오를 것이 뻔했다. 지금 고구려 왕실에는 비류와 온조 두 아들이 있는데, 큰 이변이 없는 한 둘 가운데 한 왕자가 주몽 다음에 왕이 될 예정이었다. 그런데 뜻밖에 유리가 나타난 것이다. 주몽은 유리를 보자 크게 기뻐하며 그를 태자로 삼았다.

왕실에서 만난 비류와 온조 왕자의 얼굴이 무척 어두워 보였다.

"이제 두 분은 어떻게 할 생각인가요?"

기자라고 안 할까 봐 눈치 없이 내가 물었다.

"유리 형님이 태자가 되셨으니 우리가 설 자리가 없게 됐습니다. 떠나야지요. 안 그렇습니까, 비류 형님?"

"그래야겠지. 굴러온 돌이 박힌 돌 빼낸다더니……."

두 사람의 상태가 생각보다 심각해 보였다.

비류는 미추홀, 온조는 위례성에 정착

결국 비류와 온조는 어머니 소서노와 함께 고구려를 떠나기로 결심했다. 세 사람은 오간과 마려 등 열 명의 신하와 그들을 따르는 수많은 백성들을 이끌고 길을 나섰다. 주몽은 이들 세 사람과 함께 떠나는 백성들에게는 금과 은을 나누어 주었다. 또한 곡식의 씨앗과 농사 전문가, 쇠를 다루는 대장장이 같은 많은 기술자들이 함께 따라가도록 했다.

온조 이후의 백제

온조가 백제를 세운 위례성은 오늘날 서울 강동구 일대로, 당시는 삼한 가운데 마한에 속하는 땅이었다. 당시 마한에는 목지국을 비롯해 54개의 크고 작은 나라들이 있었다. 처음 나라를 세울 때 백제는 마한 땅에 속한 작은 국가였다. 하지만 온조는 꾸준하게 정복 사업을 펼쳐 서서히 마한의 강국으로 성장했다. 그러다가 고이왕 대에 이르러 마한 지역에서 가장 강한 나라가 되었고, 근초고왕 때는 고구려, 백제, 신라 삼국 가운데 가장 강한 국가가 되었다.

나도 왕자 일행을 따라 길을 나섰다. 압록강을 건너 남쪽으로 방향을 잡고 몇 날 며칠을 걸었다. 수십 일은 더 걸었을 것 같다. 그러다가 높은 산과 큰 강과 벌판이 어우러진 곳에 이르렀다. 한산이라는 곳이었다.

한산에 당도한 비류와 온조 일행은 부아악에 올라 사방을 살펴보았다. 형 비류가 산 아래를 내려다보며 말했다.

"저쪽 서쪽 바닷가가 좋겠어."

그러자 신하들이 만류하고 나섰다.

"저희가 볼 땐 이 강 아래 하남 땅이 더 좋을 것 같습니다. 북으로 한수(한강)를 띠처럼 두르고, 동쪽으로 높은 산이 있어 의지가 되고, 남쪽으로 비옥한 들판이 펼쳐지고, 서쪽으로는 큰 바다가 감싸고 있습니다. 이렇게 천연 요새로 된 땅은 드뭅니다. 이곳에 도읍을 정하는 게 좋겠습니다."

"아니다. 나는 바닷가로 갈 것이다."

비류는 아랑곳하지 않고 백성들을 나누어 미추홀로 떠나겠다고 했다. 비류가 왜 미추홀을 택했는지 이해가 되지 않았다. 땅에 대해 잘 모르는 내가 봐도 저 아래 하남 땅이 도읍을 정하기엔 안성맞춤인데 말이다.

평안 감사도 제 싫으면 그만이라더니, 비류가 꼭 그랬다. 주위에서 모두 비류를 말렸지만, 끝내 미추홀로 떠났다. 온조는 신하들의 의견을 받아들여 하남 위례성에 도읍을 정했다.

"열 명의 신하를 보좌로 삼았으니 나라 이름을 십제라 하겠다."

온조는 고구려를 떠나온 지 수십 일 만에 드디어 어엿한 한 나라의 왕이 되었다.(기원전 18년)

백제 돌무지 무덤
고구려 태왕릉과 비슷한 양식으로 돌을 쌓아 만든 무덤이다. 백제가 고구려에서 갈라져 나왔음을 보여 준다. 서울 송파구 석촌동.

비류 세력 통합해 백제 건국

나는 비류가 점찍은 미추홀이 도읍을 삼을 만한 땅이 아니라고 생각해 온조가 있는 위례성에 남기로 했다. 온조는 신하들과 함께 새로 세운 나라의 모양을 하나씩 갖추어 갔다. 그러던 어느 날, 미추홀로 떠났던 비류가 백성들을 이끌고 위례성으로 돌아왔다.

돌아온 까닭은 예상대로 "미추홀의 땅이 습하고 물이 짜서 편히 살 수 없다."는 거였다. 미추홀에서 돌아온 비류를 잠깐 만났다. 비류는 떠날 때와 달리 무척 의기소침해 보였다. 그가 이런 말을 했다.

"동생 온조가 있는 위례성은 어느새 도읍이 안정되고 백성들이 편하게 살고 있는데, 제 처지를 생각하니 참 부끄럽고 한스럽습니다."

비류는 위례성으로 돌아온 지 얼마 안 돼 알 수 없는 병에 걸려 죽고 말았다. 조금 허망했다. 아무래도 나라를 세우는 데 실패한 한이 그를 죽음으로 몰고 간 것이 아닐까. 형의 장례를 마친 온조는 형을 따랐던 백성들을 위로하고, 그들을 모두 위례의 백성으로 삼았다. 그러고는 백성들이 즐겁게 따랐다는 뜻으로 나라 이름을 백제로 고쳤다.

온조가 온전하게 나라를 세운 모습을 보았으니, 나는 온조에게 작별 인사를 했다. 온조는 떠나는 나에게 "나라를 세우는 모습을 지켜봐 줘서 고맙다."라며 "백제를 마한의 으뜸가는 나라로 만들겠다."라고 말했다.

나는 그의 말을 믿기로 했다. 온조가 비록 신비한 탄생 설화도 없고, 뛰어난 활 솜씨를 가지고 있지는 않지만, 과감하게 왕궁을 박차고 나와 새 나라 백제를 세웠다. 그런 능력이면 백제를 마한의 으뜸이 아니라 삼한의 으뜸가는 나라로 만드는 것도 가능하리란 생각이 들었기 때문이다. Ⓗ

또 다른 기록에 따르면

《삼국사기》에는 백제 건국에 관해 또 다른 기록이 실려 있다. 소서노는 우태와 결혼해 비류와 온조를 낳는데, 남편 우태가 일찍 죽자 부여에서 온 주몽과 재혼했다. 부자에다 여장부였던 소서노는 남편 **주몽**이 고구려를 세우는 데 큰 도움을 주었다. 이에 주몽은 소서노를 귀히 여겼고, 비류와 온조를 친아들처럼 대했다. 그런데 주몽이 부여에서 온 유리를 태자로 삼자 비류와 온조는 어머니 소서노를 모시고 남쪽으로 내려가 백제를 세웠다. 이 기록에 따르면 비류와 온조는 주몽의 양아들이다.

실시간 생중계

박혁거세와 김수로, 신라와 가야를 세우다

한반도 남동쪽 경주에서 박혁거세가 신라를, 낙동강 너머 김해에서 김수로가 가야를 건국했다.
무엇보다 놀라운 건 두 시조 모두 알에서 태어났다는 것이다.
그럼 이제부터 신라와 가야의 신기한 건국 이야기를 실시간으로 생중계한다.

나정 우물가에 나타난 자줏빛 알

기자 안녕하십니까? 여기는 나라 세우기 열풍이 몰아치는 건국 현장 상황실입니다. 최근 만주와 한반도 곳곳에서 나라 세우기 열풍이 거세게 불고 있는데요, 오늘 이 시간에는 수십 년간 건국 신화를 연구해 오신 전문가 한 분을 모시고 경상도 지역에서 벌어지고 있는 건국 현장 상황을 실시간으로 생중계해 드리겠습니다. 박사님, 안녕하십니까? 이제 곧 신라와 가야가 나라를 세우게 될 텐데요, 두 나라의 건국, 어떻게 보십니까?

박사 앉아서 보고 있습니다.

기자 헐! 역사 전문가답게 농담도 아주 클래식하게 하시는군요. 좋습니다. 다시 한 번 묻겠습니다. 두 나라의 건국을 어떻게 보십니까?

박사 글쎄요. 저도 아직 현장을 보지 않아서 뭐라 말씀드리기 힘들고요, 직접 보면서 말씀드리면 안 될까요?

기자 그럼 바로 현장으로 가 보겠습니다. 먼저 기원전 69년 경주 쪽 상황입니다. 사람들이 모여 있는데, 지금 무얼 하는 건가요?

박사 지금 저기가 경상도에 자리한 진한 땅인데요, 고조선이 멸망하고 난 뒤 고조선 유민들이 저곳으로 흘러 들어가서 여섯 마을을 이루며 살고 있죠. 지금 마을의 촌장들이 모여서 회의를 하고 있는 장면입니다.

기자 어떤 회의를 하고 있는데요?

박사 임금이 없어서 백성들 사이에 위아래가 없다고 한탄하고 있는 거죠. 어서 빨리 임금을 모시고 번듯한 나라를 만들었으면 좋겠다는 이야기를 하고 있습니다.

기자 그렇군요. 아, 그런데 회의를 마치고 마을로 돌아가던 한 촌장이 예사롭지 않은 밝은 빛에 이끌려 어디론가 막 가고 있는데요.

박사 아, 저분은 고허촌의 촌장 소벌공이라고 하는데요. 아마 나정 우물가로 가는 것 같습니다.

경주 나정
신라의 시조 박혁거세가 나온 알이 그 곁에 있었다고 하는 전설상의 우물.

기자 거긴 왜요?

박사 조금만 기다려 보세요. 아주 놀라운 일이 벌어질 겁니다.

기자 아니, 저게 어떻게 된 일이지요? 우물가에 눈이 부시게 하얀 말이 무릎을 꿇고 앉아 있다가 소벌공을 보자 금세 사라져 버리네요. 그런데 더 놀라운 건 백마가 사라진 자리에 자줏빛 알 하나가 놓여 있군요. 박사님, 이쯤에서 뭐라고 한 말씀 하셔야죠.

박사 저건 백마가 소벌공에게 알을 맡긴다는 의미겠지요. 소벌공이 알 가까이 다가가고 있군요.

기자 아니, 이럴 수가! 알이 쪼개지면서 사내 아기가 나오는데요. 소벌공이 서둘러 우물물에 아기를 씻깁니다. 몸을 씻기고 나자 아기의 몸에서 눈부신 빛이 나는 듯합니다. 아기의 탄생을 축하

하는 듯 온갖 새들과 짐승이 노래하고 춤을 추고 있습니다. 이 아기가 신라와 무슨 관련이 있는 걸까요? 그 이야기는 나중에 다시 하기로 하고, 이번엔 카메라를 변한 지역으로 옮겨 보겠습니다.

구지봉에 나타난 황금 상자

기자 여기는 예부터 변한이라고 부르는 지역인데요. 낙동강 너머 김해 일대를 말합니다. 기원후 42년 지금 김해 구지봉에 사람들이 엄청 많이 모여 있는데, 무슨 일인가요?

박사 사람들이 아홉 무리로 나뉘어 있고, 아홉 명의 촌장이 구지봉 정상의 제단에 빙 둘러서 있는 걸로 봐서, 아마 하늘에 제사를 지내는 모양입니다. 그리고 촌장 앞에는 무당 같은 사람들이 북장단에 맞춰, 춤을 추고 노래를 부르고 있군요. 무슨 노래를 부르는지 한번 들어 볼까요?

기자 "거북아, 거북아, 머리를 내놓아라. 그렇지 않으면 구워 먹겠다."라는 노래를 부르는데요.

박사 왜 저런 노래를 부르는지 알려면 우선 요 앞 상황을 알아야 합니다. 아쉽게

김해 구산동의 아홉 거북 조각물
가야의 건국 신화인 수로왕의 전설에 따라 만들었다.

카메라에는 안 잡혔지만 방금 전에 이상한 일이 벌어졌습니다. 씨를 뿌리는 봄이 돼서 사람들이 냇가에서 목욕도 하고 음식도 해 먹으며 봄맞이 행사를 하고 있었는데, 구지봉 쪽 하늘에서 이상한 소리가 들렸습니다. "하늘이 내게 이곳에 내려와 새로운 나라를 세워 임금이 되라고 하셨다. 너희는 구지봉에서 흙을 파며 〈구지가〉를 불러라. 그러면 대왕을 맞이하여 기뻐 춤을 추게 될 것이다." 이런 내용이었죠. 그래서 지금 아홉 무리의 사람들과 아홉 명의 촌장이 구지봉에서 대왕을 맞이하는 행사를 펼치고 있는 겁니다.

기자 어, 그런데 저건 또 뭘까요? 노래가 끝나자마자 하늘에서 뭔가 붉은 물건이 내려오고 있네요. 자세히 보니 붉은 보자기로 싸여 있군요. 아홉 명의 촌장이 살며시 보따리를 풀자, 황금 그릇이 나타납니다. 황금 그릇을 열어 봤더니, 황금색 알 여섯 개가 들어 있네요. 아홉 명의 촌장이 어떻게 할지 서로 의견을 나누더니, 그냥 알 주변에 앉아서 무슨 일이 일어날지 지켜보기로 하는군요. 이러기를 열하루가 지나고 열이튿날, 갑자기 알에서 쩍 소리가 나면서 사내아이들 여섯 명이 차례로 나오고 있습니다. 그렇다면 알에서 태어난 아이들은 가야와 어떤 관련이 있을까요? 저도 무척 궁금한데요. 그 이야기는 신라의 건국 이야기 먼저 살펴보고 계속 알아보도록 하겠습니다.

박혁거세, 세상을 밝게 다스려 줘!

기자 네, 여기는 다시 경주입니다. 알에서 아기가 태어난 뒤부터 이곳에서는 이변이 속출하고 있습니다. 이번에는 알영정이라는 우물에서 닭 모양의 용이 옆구리로 여자 아이를 낳고 사라졌다고 합니다. 그런데 아이의 모습이 조금 특이하군요. 입술이 닭 부리처럼 생겼는데, 댓 발은 나와 있군요. 당황한 촌장들이 이번에는 북천이라는 냇가에서 아이를 씻깁니다. 그러자 댓 발이나 나와 있던 닭 부리가 떨어져 나갑니다. 이걸 어떻게 이해해야 할까요?

박사 알에서 사내아이가 태어나고 같은 날 용의 옆구리에서 여자 아이가 태어났다면 분명 두 아이가 무슨 연관이 있을 겁니다. 계속 지켜봐야겠습니다.

기자 알겠습니다. 지금 소벌공 집에 촌장들이 모여 회의를 하고 있군요. 회의 내용을 들어 보니 사내아이는 임금으로 추대하고, 여자 아이는 왕후로 모시자는 이야기 같습니다. 사내아이는 밝은 세상을 만든다는 뜻의 박혁거세라고 이름을 지었군요. 여자 아이는 우물 이름을 따서 알영이라고 지었고요. 앞으로 두 사람의 운명은 어떻게 될 것으로 예상하십니까?

박사 기원전 57년 박혁거세가 열세 살의 나이로 왕의 자리에 오를 때, 알영은 왕후가 될 것입니다. 그렇게 해서 드디어 한반도 남동쪽 경주에서 신라가 힘찬 발걸음을 내딛게 됩니다.

기자 알겠습니다. 지금까지 경주에서 박혁거세가 나라를 세우는 모습을 중계해 드렸는데요. 그럼 다시 구지봉으로 가 보겠습니다. 그런데 이게 웬 일입니까? 알에서 태어난 아이들이 열흘 남짓 지나자, 맨 먼저 알에서 나온 아이는 키가 아홉 척이나 되고, 나머지 아이들도 모두 크고 잘생겼군요. 신라의 박혁거세처럼 한 사람도 아니고, 이 일을 어찌한답니까?

박사 어려울 거 없습니다. 알에서 맨 먼저 나온 김수로를 임금으로 받들고 나라를 세우게 됩니다. 이 나라가 바로 가야입니다. 나머지 다섯 친구들도 여섯 가야 중 한 나라씩 맡아서 임금이 되죠. 이로써 가야 여섯 나라가 모두 완성되는 겁니다.

기자 그렇군요. 아, 이때 바닷가에 정체 모를 배가 나타납니다. 김수로가 신하들에게 배를 맞이하라고 명령합니다. 저 배는 어떤 배입니까?

박사 저 배에는 아유타국의 공주인 허황옥이 타고 있습니다. 허황옥은 하늘이 내린 가락국 왕의 아내가 되라는 부왕의 명을 받고, 기나긴 여정 끝에 김수로를 찾아온 것이지요.

기자 아, 그렇군요. 말씀드리는 순간, 드디어 허황옥이 모습을 나타냅니다. 그런데 패션 스타일이 한반도 사람들이랑 많이 달라 보입니다.

박사 아유타국이 인도에 있는 한 나라여서 그럴 겁니다. 그래서 남아시아 필(느낌)이 나는 겁니다.

기자 아, 네. 저기 수로왕이 허황옥을 맞으러 직접 마중을 나왔군요. 수로왕이 배에서 내리는 허황옥을 맞이합니다. 이로써 가야 건국과 왕비 허황후를 맞이하는 행사가 모두 마무리됐습니다. 지금까지 박혁거세와 김수로가 신라와 가야를 세우는 모습을 실시간으로 지켜봤는데요. 두 사람은 앞으로 어떻게 되나요?

박사 박혁거세는 신라를 건국한 뒤 61년 동안 나라를 다스리다가 하늘로 올라갔다가 이렛날 땅에 흩어집니다. 이때 왕후도 세상을 뜹니다. 신라 사람들이 왕과 왕후의 시신을 한곳에 장사 지내려 하자 큰 뱀이 나타나 방해합니다. 그래서 다섯 개의 능을 만들어 따로 장사 지내 줍니다. 이 능을 '뱀 사' 자를 써서 사릉이라고 합니다. 한편 김수로는 158년간 가야를 아주 잘 다스리다가 기원후 199년에 세상을 떠납니다. 믿거나 말거나.

박혁거세와 김수로는 왜 알에서 났을까?

기자 지금까지 신라와 가야가 나라를 세운 모습을 살펴봤는데요. 이제 역사적 의미를 한 번 간단하게 짚어 봐야 할 것 같습니다. 두 나라의 건국 이야기를 어떻게 이해해야 할까요?

박사 먼저 신라는 외부에서 이주한 박혁거세 집단이 경주 부근에 있던 사로국을 접수해서 나라를 세웠다고 볼 수 있습니다. 그 뒤 신라는 진한 지역의 작은 나라들을 하나씩 통합해 더 큰 나라로 발전합니다. 김수로 또한 외부에서 변한 지역으로 흘러 들어와 가야를 세우고, 금관가야를 비롯한 여섯 가야를 이루어 발전해 가는 이야기입니다. 이들이 외부에서 온 집단이라는 건 하늘에서 내려온 알에서 태어났다는 사실로 알 수 있습니다. 보통 하늘에서 왔다는 건 외부로부터 흘러 들어 왔다는 의미가 있거든요.

기자 그런데 왜 하필 나라를 세운 사람들은 모두 알에서 태어나는 걸까요? 고구려 주몽도 그렇고요.

박사 나라를 세운 시조가 신성한 존재라는 걸 강조하기 위해 만든 신화죠.

기자 그렇군요. 이상으로 실시간 생중계를 모두 마치겠습니다. 고맙습니다. Ⓗ

아리랑은 알에서 나왔다?

우리 민족을 대표하는 노래 아리랑이 '알+이랑'에서 나왔다는 설이 있다. 아리랑은 '알과 함께'라는 뜻이고, 쓰리랑은 '쌀과 함께'라는 것. 우리 민족이 알을 얼마나 소중히 여겼는지는 우리가 쓰는 말에서도 확인된다. '어리다' 할 때 '어린'은 '아린', 즉 '알인' 상태를 말한다. '알'은 또한 그 상태 그대로 완전하기에 '알+맞다', '알+차다'의 어근이다. 그리고 무엇인가를 완전하게 파악한다는 동사 '알다'의 어원이며, 또한 완전함, 완벽함을 뜻하는 '아름다움'의 어원이기도 하다. 신석기 시대부터 정착 생활의 핵심 요소인 '알과 쌀'은 이동과 정착 과정에 있어 생명보다 중요한 것이었기에 오늘날까지 아리랑이라는 노래로 전해진 게 아닐까. 이 이론은 아리랑의 기원에 관한 여러 가설 중 하나일 뿐이지만, 알이 수천 년 전부터 우리 민족의 생활과 밀접한 관계가 있었다는 사실을 반영하고 있다는 점에서 눈여겨볼 만하다.

삼국삼총사

삼국의 기틀을 다진 3인방

나라는 세우는 것도 결코 쉬운 일이 아니지만, 발전시키는 건 훨씬 더 어려운 일이다. 나라를 발전시키기 위해서는 건국 초기에 착실하게 기틀을 다지는 게 무엇보다 중요하다. 그래서 고구려 태조왕, 백제 고이왕, 신라 유리 이사금 세 나라의 왕들이 주목을 받고 있다. 삼국의 건국 이후 나라의 기틀을 다진 3인방의 목소리를 직접 들어 보자.

고구려

태조왕

진정한 고구려의 시작은 나로부터

700년 고구려 역사에 내로라하는 업적을 남긴 왕이 참 많아. 대표적으로는 개국시조이신 동명 성왕과 우리 고구려 영토를 가장 넓힌 19대 왕 광개토 대왕을 들 수 있지. 하지만 여섯 번째 왕인 나, 태조왕을 빼놓고 고구려의 역사를 논하는 건, 덧셈 뺄셈도 모르면서 미분 적분을 하려는 것과 마찬가지야.

나로 말하자면, 태어나자마자 두 눈을 부릅뜨고 주위를 두리번거렸다는 전설의 소유자야. 하지만 이건 시작에 불과해. 잘 들어 봐. 시조 동명 성왕께서 나라를 세웠을 때 고구려는 계루부, 소노부, 절노부, 순노부, 관노부 등 다섯 개의 부로 이뤄진 연맹 왕국이었어. 그런데 차츰 우리 계루부가 이웃 부들을 복속시키면서 강력한 중앙 집권제 국가로 성장했지. 그 중심에 바로 나, 태조왕이 있었어.

기원후 118년을 전후해 나는 한나라의 요동군과 현도군을 잇달아 공격해서 요동 지역으로 뻗어 나갔고, 함경도에 있는 동옥저를 복속시켜 고구려의 영토가 동해 바다에까지 이르게 했지. 그러면서 중앙의 관료 제도와 지방의 행정 제도를 잘 정리했고, 곳곳에 성을 쌓고 길도 잘 닦아 고구려가 나라의 기틀을 닦는 데 큰 역할을 했어.

또한 나는 지방을 순수(왕이 지방을 둘러보는 것)하며 홀아비, 과부, 고아, 자식 없이 홀로 사는 늙은이에게 먹을 것과 입을 것을 주어 백성들이 편안히 살게 만들었어. 이처럼 나는 백성들의 생활 하나하나까지 신경을 썼고, 백성들은 그런 나를 굳게 믿었지. 그래서 고구려가 더욱 강해질 수 있었단다. Ⓗ

개국시조도 아닌데 웬 태조?

태조라는 시호는 일반적으로 나라를 세운 왕에게 붙인다. 고려를 건국한 왕건, 조선을 건국한 이성계를 태조라고 하는 것도 이 때문이다. 그런데 고구려는 나라를 세운 주몽에게 '태조'를 붙이지 않고 5대 왕인 모본왕의 뒤를 이은 여섯 번째 왕에게 태조라는 시호를 붙였다. 그것은 위에서 살펴본 것처럼 태조왕이 밖으로는 한나라에 맞서 영토를 넓히고, 안으로는 중앙과 지방 조직을 체계적으로 정비시켜 고구려가 나라의 기틀을 닦는 데 큰 역할을 했기 때문이다.

태조왕의 군사 활동 지도

백제

고이왕

내가 백제 전성기의 기틀을 다졌다

고구려 태조왕 말씀을 들으니 자랑도 풍년이란 생각이 드는군요. 그래요, 태조왕 훌륭하지요. 하지만 백제의 여덟 번째 왕인 나, 고이왕의 이야기를 듣고 나면 생각이 달라질지도 모릅니다.

나는 기원후 234년에 왕위에 오르면서 백성들한테 아주 강한 백제를 만들겠다고 약속했습니다. 그래서 먼저 백성들이 마음 편히 농사를 지을 수 있게 해서, 그 전보다 농업 생산량이 크게 늘어났지요. 그리고 '범장지법'이라는 특별법을 만들어 관리들이 백성들에게 뇌물을 받지 못하게 했고요. 또한 중앙 정부의 조직을 새롭게 정비했고, 지방 세력가의 군사력을 중앙 정부로 집중시켰지요.

이처럼 내가 정치를 잘하자, 옛 마한의 나라들이 하나둘 백제 밑으로 들어왔어요. 서울 근처뿐만 아니라 경기도 전체와 충청북도 일부까지 백제 땅이 되었지요. 자신감을 얻은 나는 이제 북쪽에 있는 대방군을 넘어 낙랑군까지 주저 없이 공격하였어요. 그러다 보니 한강 상류의 강원도와 충청남도 지역의 작은 나라들도 백제를 큰 나라로 받들었지요. 그렇게 해서 백제는 마한 땅의 명실상부한 새 주인으로 우뚝 서게 됩니다. 이 모든 걸 백제 건국 200년 만에 나, 고이왕이 비로소 해냈다는 거 아닙니까.

자, 이제 왜 내가 고구려 태조왕 못지않은 훌륭한 왕인지 알겠지요? 여러분도 백제의 기틀을 다진 고이왕을 꼭 기억해 주시길 바랄게요. Ⓗ

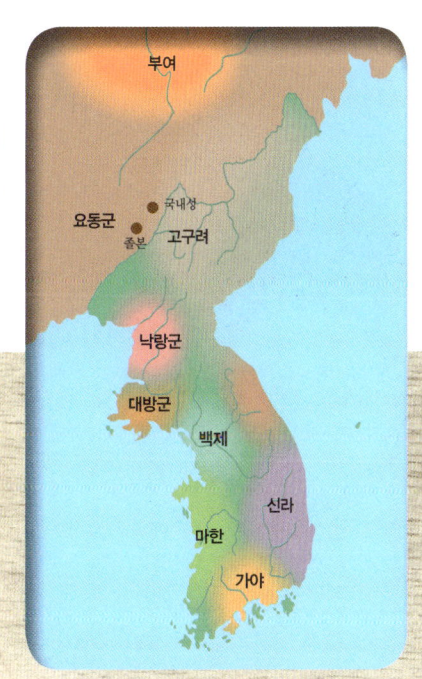

3세기 초의 한반도 지도

백제의 전성시대를 연 근초고왕

고이왕 때 백제는 거의 모든 면에서 나라의 기틀을 굳건히 다졌다. 이런 바탕 위에서 백제 13대 왕 근초고왕은 369년에 마한과 대방을 병합하였고, 371년에는 고구려의 평양성을 점령하여 고국원왕을 전사하게 하였다. 이를 통하여 백제는 강력한 고대 국가의 기반을 마련하였다. 한편 근초고왕은 아직기와 왕인을 일본에 파견하였으며, 박사 고흥에게 백제 역사책 《서기(書記)》를 편찬하게 하였다.

고 이왕 말씀 들어 보니 자랑이 태조왕 못지않으신 것 같군요. 그래요, 두 분 다 훌륭하십니다. 신라 3대 왕인 나는 두 분처럼 영토를 많이 넓히지도 못했고, 신라를 강한 나라로 만들지는 못했습니다. 하지만 나에게도 저 나름대로 업적이 있답니다. 그게 뭐냐?

왕이 되고 나서 나라 안을 두루 살펴보다 보니, 굶주리고 얼어 죽는 백성들을 보게 되었어요. 그래 내 옷을 벗어 덮어 주고, 밥을 먹여 주었지요. 그리고 신하들에게 일러 불쌍한 백성들을 먹여 굶주림에서 벗어나게 했어요. 그러자 나에 대한 칭송이 자자해져 이웃 나라에서 신라로 살러 오는 사람들이 많았답니다. 이렇듯 백성들이 즐겁고 편안하여 《도솔가》라는 노래를 지었는데, 이것이 우리나라 가악(歌樂)의 시작이었지요.

또한 6부의 이름을 고치고 성(姓)을 내렸으며, 17등 관계(官階)를 제정하여 왕권을 강화하는 데 힘을 쏟았어요. 하지만 내가 무엇보다 자랑스러워하는 건 6부에 사는 여자들을 두 편으로 갈라 음력 7월 16일부터 8월 14일까지 밤낮으로 길쌈 시합을 벌이게 한 거예요. 8월 15일이 되면 많고 적음을 따져 길쌈을 적게 한 편이 이긴 편에게 술과 음식을 차려 주고, 서로 춤추고 노래하며 한바탕 신나게 놀았지요. 이것을 일러 가배(嘉俳)라 하는데, 가배가 8월 한가위의 기원이라는 걸 알랑가 모르겠네요. 역사에 길이 남을 한가위를 만든 거, 내 업적은 고 정도까지만 할게요. Ⓗ

잇금이 많은 사람이 왕

박혁거세의 아들이자 신라 2대 왕인 남해왕은 죽기 전에 아들 유리와 사위 석탈해에게 "앞으로 박씨와 석씨가 번갈아 가면서 왕위를 잇게 하라."라는 유언을 남겼다. 유리는 그 뜻을 헤아려 왕위를 사양하자, 자고로 지혜로운 사람은 잇금이 많다는 말에 따라 떡을 깨물어 잇금이 많은 사람을 왕으로 뽑기로 했다. 유리와 석탈해 두 사람이 떡을 깨문 결과 유리의 잇금이 더 많았으므로 유리가 신라 3대 왕이 되었다. 유리왕을 유리 이사금이라고도 부르는데, 이사금은 바로 잇금에서 나온 말이다. 당연히 석탈해는 유리왕에 이어 신라 4대 왕인 탈해왕이 되었다.

경주 오릉
오릉은 박혁거세 왕과 왕비인 알영 부인, 아들인 2대 남해왕, 손자인 3대 유리왕, 증손자인 5대 파사왕의 능으로 알려져 있다.

삼국여행광고

삼국의 도읍으로 떠나는 일주일간의 여행

주몽, 온조, 박혁거세의 냄새가 풀풀 나는 삼국의 도읍지로 여행을 떠나 봅시다!

도읍지 패키지 여행 일정

- 첫째 날: 졸본 오녀산성
- 둘째 날: 집안 국내성과 돌무지무덤
- 셋째 날: 평양 동명성왕릉
- 넷째 날: 백제 위례성, 몽촌토성, 석촌동 돌무지무덤
- 다섯째 날: 서라벌 나정, 알영정 우물
- 여섯째 날: 박혁거세의 사릉
- 일곱째 날: 가야 구지봉, 수로왕릉

교통편 : 두 발로
숙식 : 각 지역 민가에서 홈스테이 체험

*여행 주의 사항
1. 삼국 간 비자 협정이 체결되지 않았으니 고구려에서 백제로, 백제에서 신라로, 신라에서 가야로 국경을 넘을 때 세작(첩자)으로 몰려 감금되지 않도록 각별히 주의하기 바랍니다.
2. 산길 다닐 때 호랑이 조심.

접수일 : 서기 113년 8월 25일까지
접수처 : 《특종! 달려라 한국사》 삼국 여행팀

오녀산성, 국내성과 돌무지무덤

동명성왕릉

백제 위례성, 몽촌토성, 돌무지무덤

나정, 알영정 우물
사릉

구지봉, 수로왕릉

사람과 사람

- 고구려와 백제 건국의 숨은 공로자, 소서노
- 진대법으로 백성을 구제한 을파소
- 고구려를 위기에서 구한 밀우와 유유

스타인터뷰

고구려와 백제 건국의 숨은 공로자, 소서노

"고구려 내려놓으니 백제가 보였죠."

주몽 대신 소서노라니!

기원전 18년 온조가 하남 위례성에서 백제를 건국한 직후, 나는 주몽과의 인터뷰를 위해 백제를 떠날 계획이었다. 그런데 백제를 떠나려는 순간 편집장으로부터 긴박한 오더(취재 명령)가 내려왔다.

'주몽 대신 소서노를 인터뷰할 것.'

고구려와 백제 두 나라 건국에 크나큰 역할을 한 여인이 있다. 그 여인은 바로 주몽의 아내이자 온조의 어머니인 소서노이다. 우리 역사에 일찍이 없었던 여걸 소서노를 만나 본다.

 꿩 대신 닭도 아니고, 주몽 대신 소서노라니! 편집장은 취재 명령서에 다음과 같은 의견을 덧붙였다. 고구려 건국이 우리 역사에서 차지하는 비중은 자못 클 것이다. 그런 면에서 주몽은 《특종! 달려라 한국사》 첫 권의 스타 인터뷰 대상자로 손색이 없다. 하나 고구려 건국은 소서노 없이는 불가능했을 것이며, 백제의 건국 또한 그러하다.

 고구려와 백제 건국에 결정적 기여를 한 여인이 소서노라는 건 나도 안다. 하지만 나는 그녀를 스타 인터뷰 대상자로는 미처 생각지 못했다. 주몽에 꽂혀 있어서였을까. 아니면 소서노가 여자여서? 잘 모르겠다. 어쨌든 편집장 말을 듣고 보니 소서노가 괜찮다는 생각이 들었다. 역시 편집장은 아무나 하는 게 아닌가 보다.

 소시노. 주몽의 부인이자 온조의 어머니. 나는 그녀를 잘 안다고 생각했다. 그런데 막상 인터뷰를 하려고 보니 두 가지 사실 말고 아는 게 별로 없었다. 무식하면 용감하다고, 나는 일단 그녀를 만나 보기로 했다.

 인터뷰한 곳은 위례성이 훤히 내려다보이는 한강 건너 부아악의 정자. 온조가 고구려에서 내려와 새 나라를 세울 결심을 했던 곳이다. 백제를 건국한 지금 소서노의 심정이 어떨지 궁금했다.

영웅 대 여걸의 만남

Q 고구려에 이어 백제라는 새 나라를 세웠는데, 감회가 남다를 것 같아요.

"그렇지요. 고구려는 남편 주몽이, 백제는 아들 온조가 세웠으니 감회가 남다를 수밖에요."

Q 말씀하시는 뉘앙스도 그렇고 표정도 그렇고, 마냥 기쁘지만은 않아 보여요.

"기뻐요. 하지만 이 기자도 아시다시피 고구려를 떠나오기까지 그리고 백제 건국 과정에서 슬픈 일이 많았기 때문에 마냥 기쁘다고는 할 수 없군요."

Q 이해가 갑니다. 그 이야기는 인터뷰를 진행하면서 차차 하기로 하고요. 먼저 소서노님의 일생에 큰 변화를 몰고 온 주몽과의 만남부터 이야기를 시작해 보죠. 주몽을 처음 만났을 때 어땠어요?

"한때 우리 졸본 부여 땅에 동부여로부터 도망친 왕자가 들어왔다는 소문이 돌았어요. 그러던 어느 날 그가 아버지를 찾아왔지요. 그렇게 해서 주몽을 처음 만났는데, 스물두 살의 주몽이 내뿜는 카리스마에 내가 홀딱 빠져들었어요. 그때 나도 여걸이란 소리 들을 만큼 무예 실력과 미모가 뛰어났는데, 나한테 견줄 만한 사내가 나타난 거지요. 그래 내가 주몽을 화살로 쐈어요."

Q 화살을 쏘다니, 그게 무슨 말인가요?

"큐피드의 화살을 주몽 가슴에 쐈다는 얘기지요."

Q 하하하 그러니까 주몽이 소서노님한테 찍힌 거네요. 그런데 그런 얘기를 하셔도 돼요?

"어떻습니까. 다 지나간 일인데."

Q 그래서요? 주몽을 쏜 이후에 어떻게 됐어요?

"주몽을 처음 만난 날 이후 저는 주몽이 큰 뜻을 이룰 수 있도록 물심양면으로 도왔어요. 졸본 부여 땅에 주몽이 처음 왔을 때 그가 가진 건 뛰어난 활 솜씨밖에 없었어요. 그래 제가 재산과 군사를 대 주고, 부끄럽지만 내 마음까지 다 주었지요. 그런 도움 덕에 주몽이 고구려를 세웠고, 주변의 작은 나라들을 복속시키면서 나라의 기틀을 잡아 나갔지요.

고구려 탈출, 소서노가 옳았다

Q 주몽의 인물됨을 알아보고 열 살이나 연하인 주몽과 혼인해 고구려 건국에 이바지하신 거군요. 그런데 그런 나라를 두고 떠나신 이유가 뭔지 궁금해요.

"고구려가 이웃 나라들의 패자(패권을 쥔 지배자)로 우뚝 선 어느 날, 동부여에서 유리가 어머니 예씨와 함께 아버지 주몽을 찾아왔어요. 예씨는 주몽의 전 부인이었지요. 그러다 보니 주몽과 나 사이에 갈등이 시작되었지요."

Q 주몽의 조강지처(본부인을 이르는 말)와 친아들이자 장남인 유리가 와서 사랑과 전쟁이 시작됐다는 말이군요.

"맞아요. 사랑과 전쟁. 유리가 나타나기 전까지 주몽의 뒤를 이어 왕위에 오를 사람은 내 아들 비류였어요. 그런데 유리가 나타나면서 주몽은 유리를 태자로 삼은 거지요. 게다가 다시 만난 예씨를 어찌나 어여삐 여기던지, 제가 차마 견디기가 힘들었지요.

Q 그래서 떠날 결심을 하게 된 거군요.

"아니에요. 저는 할 수만 있다면 고구려에서 왕위 다툼을 벌여서라도 내 아들이 왕이 되게 할 수도 있었어요. 왜냐하면 굴러 온 유리보다는 토착 세력인 우리 세력이 더 막강했으니까요."

Q 그런데 왜 떠나셨어요?

"어느 날 첫아들 비류가 그러더군요. 아버지가 유리를 태자로 삼은 이상 고구려에서 살아남기는 힘드니, 다른 곳으로 가서 새 나라를 세우자는 거예요."

Q 비류의 제안으로 고구려를 떠나게 되신 거군요.

"둘째 아들 온조도 같은 생각이었어요. 그리고 내가 온몸을 바쳐 세운 나라를 왕위 계승 다툼으로 피비린내 나게 할 수 없다는 생각도 했지요. 그래 고민 끝에 고구려를 떠나기로 결심했지요. 주몽도 동부여를 떠나 이곳에서 고구려를 세웠는데, 나나 우리 아들들이라고 못할 것 없다는 생각도 들었고요. 그런데 막상 떠나려니 기가 막히더군요. 사랑도 명예도 이름도 남김없이 한평생 나가자던 뜨거운 맹세도 버리고, 주몽이 우리 모자를 이렇게 버리다니. 흑흑."

Q 주몽에 대해 섭섭한 마음이 크셨나 보군요.

"애증이죠. 유리를 택하고 우리를 버린 건 밉지만, 그럼에도 저는 주몽을 사랑하니까요. 사랑했지만, 그대를 사랑했지만 그냥 이렇게 멀리서 바라볼 뿐 다가설 수 없는 내 마음이 너무 아팠지요. 하지만 내가 누굽니까? 여걸 소서노 아닙니까? 그런 자부심으로 저는 툴툴 털고 일어나 당당히 고구려를 떠났습니다.

백제 건국의 숨은 공로자

Q 그렇게 고구려를 떠나 백제를 건국하게 되는데요. 그 이야기를 하기 전에 한 가지 궁금한 게 있어요. 지금 시중에는 두 가지 설이 나돌고 있어요. 하나는 주몽이 졸본 부여에 와서 소서노 님과 혼인해 비류와 온조 두 왕자를 낳았다는 설과, 또 하나는 소서노 님이 우태라는 분과 혼인을 해서 비류와 온조를 낳았는데, 우태가 일찍 죽고 난 뒤 주몽을 만나 재혼했다는 설이죠. 어떤 게 사실인가요?

"출생의 비밀을 이제는 말해야 하는 건가요? 휴, 실은 두 번째 얘기가 맞아요. 하지만 주몽은 나를 무척 사랑해 주었고, 내 두 아들도 친아들처럼 대해 주었어요. 예씨 부인과 유리가 나타나기 전까지는 말이죠."

Q 제가 또 아픈 데를 건드렸나 봐요. 죄송하고요. 이제 마지막으로 백제 건국 이야기를 들어 보죠.

"고구려를 떠나올 때 나를 따르는 백성들이 무척 많았어요. 주몽은 나아 함께 떠나는 백성들에게 금과 은을 나누어 주었어요. 또한 농사 전문가와 대장장이 같은 많은 기술자들이 함께 따라가도록 했지요. 이런 것이 백제를 세우는 데 큰 도움이 됐다고 할 수 있어요. 주몽으로선 자기 나름 마지막 도리를 다한 셈이지요."

Q 백제를 세우는 과정에서 가장 힘들었던 점은 무엇인가요?

"힘들었던 것보다 마음 아픈 일이 하나 있어요. 우리가 처음 여기 와서 한강 건너편을 바라보며 저곳에 도읍을 정하자고 했을 때, 큰아들 비류가 자기는 미추홀로 가겠다고 해서 가더니, 얼마 뒤 돌아와 시름시름 앓다가 죽은 일이에요. 그때 좀 더 강하게 말렸어야 했는데, 흑흑."

Q 여걸이신 분이 오늘따라 눈물을 많이 보이시는군요. 강인한 여장부의 모습 뒤에 숨어 있는 인간적인 면모를 느낄 수 있는 것 같습니다. 하지만 누가 뭐래도 소서노님은 꽃보다 아름다운 여인이자 고구려와 백제 두 나라 건국에 크나큰 역할을 한 여걸이에요. 이 사실은 역사에 길이길이 남을 거고요. 앞으로도 여걸답게 백제가 마한 지역의 최강자로 우뚝 설 수 있도록 큰 힘을 발휘하길 바랄게요.

역사에 길이 남을 여걸

인터뷰를 마친 소서노는 한강을 건너 위례성으로 돌아갔다. 한강을 건너는 소서노를 바라보며 많은 생각을 했다. 일찍이 주몽의 인물됨을 알아본 뛰어난 안목과 왕위 계승 문제가 불거지자 과감히 고구려를 떠나기로 한 결단력 그리고 백제가 도읍을 정할 때부터 나라를 세울 때까지 보여 준 탁월한 추진력은 여걸 소서노의 진면목을 유감없이 보여 준다.

축구로 치면 상대 골문을 향해 질주해 들어가서 결정적인 골 찬스를 만들어 준 최고의 어시스트처럼 말이다. 이런 점이 주몽, 온조와 함께 우리가 소서노를 꼭 기억해야 할 이유일 것이다. Ⓗ

백제를 떠나 고구려에 도착하자 주몽이 이미 세상을 떠나고 없었다. 그래서 아쉽게도 주몽에게 소서노의 소식을 전하지 못했다. 소서노가 아들 온조와 함께 백제를 건국했다는 소식을 들으면 주몽도 좋아했을 텐데. 허전한 마음에 비류수 강가로 나갔다. 말을 타고 강가를 달리는 두 남녀의 모습이 눈에 아른거렸다. 20년 전 주몽과 소서노의 눈부신 한때를 보는 듯 아련했다.

비류수

이 기 자 의 인 물 탐 구

진대법으로 백성을 구제한
을파소

초야에 묻혀 농사를 짓던 가난한 선비 을파소가 고구려 국상(국무총리)으로 발탁됐다.
그보다 더 대단한 건 가난한 백성들을 구제하기 위해 진대법을 실시해 고구려의
명재상으로 회자되고 있다는 점이다. 을파소의 네 가지 성공 비결을 집중 탐구 한다.

성공 비결 ① 때를 기다리며 실력을 길러라

을파소는 압록 골짜기 좌물촌에서 농사를 짓던 가난한 선비였습니다. 그런 그가 어떻게 고구려 명재상으로 칭송을 받게 됐을까요?

첫째 비결은 조용히 때를 기다리며 실력을 기른 것입니다. 그는 이런 말을 했습니다. "선비가 때를 만나 벼슬에 나가는 것은 떳떳한 일이다." 그러니까 언젠가 때를 만나면 자신도 세상에 나가 갈고 닦은 학문을 펼쳐 보이려는 뜻을 품고 있었던 것입니다.

드디어 준비된 자에게 기회가 찾아왔습니다. 고국천왕이 왕실 외척이 정치를 좌지우지하며 백성들을 못 살게 굴자, 외척을 배척하고 새 정치를 실현하고자 인재를 등용한 것입니다. 이때 추천을 받은 사람이 안류인데, 안류는 "저는 능력이 모자란다."라며 "지혜롭고 강직한 사람이 있다."라고 한 사람을 추천합니다. 그가 바로 을파소였습니다.

을파소는 밭 갈던 괭이를 내려놓고 출사표(선비가 세상에 나갈 때 자신의 뜻을 알리는 것)를 던집니다. 만일 그가 정치를 하고픈 마음만 있고 실력이 없었다면 큰일을 시켜 줘도 못했겠죠. 하지만 을파소는 준비된 선비였습니다. 준비된 자에게 기회가 온 것입니다.

142

성공비결 ② 배짱으로 승부하라

고국천왕은 을파소를 보자 그가 범상치 않은 인물이란 걸 첫눈에 알아챕니다. 한 번 보고 어떻게 아느냐고요? 원래 고수끼리는 눈빛만 봐도 척 압니다. 고국천왕은 을파소를 중외대부로 임명하고 거기에 작위를 더해 우태로 삼습니다. 그러고는 말합니다.

"선생이 재능을 감추고 초야(궁벽한 시골)에 묻혀 산 지 오래되었는데, 이렇게 내 청을 물리치지 않고 나와 주었으니 온 백성이 기뻐할 일입니다. 내 그대의 가르침을 달게 받겠으니, 마음을 다해 나라를 이끌어 주시오."

고국천왕의 청을 받은 을파소는 예의를 갖춰 사양합니다.

"신은 미련하고 게을러 감히 존엄하신 명령을 감당할 수 없습니다. 바라건대 대왕께서는 어진 사람을 뽑아 높은 관직을 주시고, 큰일을 이루시옵소서."

벼슬을 내리면 선비는 세 차례 겸손하게 사양하는 게 공공연한 법도지만, 을파소는 겸손을 떠는 게 아니라 정말로 관직을 사양하겠다고 배짱을 부렸습니다. 그제야 왕은 을파소의 뜻을 헤아립니다. 그 정도 관직으로는 제대로 된 개혁 정치를 할 수 없다는 을파소의 마음을 읽은 것이죠. 곧 고국천왕은 을파소를 고구려에서 가장 높은 벼슬인 국상으로 임명합니다.

말할 것도 없이 기존 대신들과 왕실 인척들이 강하게 반발하고 나섭니다. 그러자 왕은 "귀천을 막론하고 만약 국상에게 복종하지 않는다면 일족을 멸하리라."라는 교서를 내립니다. 을파소는 고국천왕의 지원 사격을 받으며 정치 기강을 바로 잡고, 관리의 횡포를 없앴습니다. 또한 백성들에게 세금 부담과 불필요한 부역을 덜어 주었습니다. 을파소가 두둑한 배포로 개혁 정치를 밀어붙인 덕분에 고구려 백성들의 삶이 훨씬 편안해졌습니다.

품계석 정1품
을파소가 조선 시대 관리였다면 품계석 맨 앞 정1품 자리에 서 있었을 것이다.

성공비결 ③ 사람을 사랑하는 마음을 가져라

서기 194년에는 극심한 흉년이 들어 백성들에게 곡식을 풀었는데, 겨울이 오자 비참한 상황은 더욱 심해졌습니다. 그러자 고국천왕은 을파소에게 가난한 홀아비와 과부, 고아, 자식 없이 혼자 사는 늙은이들을 구제하도록 했습니다.

그리하여 큰 위기는 넘겼지만 그것만으로 가난한 백성들을 구제할 수는 없었습니다. 농민들은 추수한 곡식이 떨어지는 봄이면 극심한 굶주림에 시달려야 했습니다. 몸소 농사를 지었던 을파소는 농민들의 그런 고통을 너무나 잘 알고 있었습니다.

을파소는 이참에 아예 고국천왕에게 진대법을 만들 것을 건의합니다. 진대법은 봄에 곡식을 빌려 주고 가을 추수 때 되돌려 받는 복지 제도입니다. 고국천왕이 이 제도를 법으로 정하자 온 나라 백성들이 크게 기뻐했습니다. 진대법은 땅이 없는 농민들이 귀족에게 곡식을 빌렸다가 갚지 못해 노예가 되는 것을 막아 주었습니다. 을파소의 백성을 사랑하는 마음이 가난한 농민들도 구제하고, 노예가 되는 것도 막아 준 것입니다.

김홍도 〈타작〉
추수한 곡식의 이삭을 떨어서 낟알을 거두는 농부들의 즐거운 모습을 담은 그림이다. 을파소는 추수 전까지 굶주리는 백성들을 구하고자 진대법을 실시하였다.

성공비결 ④ 훌륭한 멘토를 두라

한낱 시골 선비에서 고구려 최고의 벼슬자리에 오른 을파소. 하지만 그가 이룬 업적이 혼자만의 힘으로 된 것일까요? 그 뒤에는 고국천왕이라는 훌륭한 멘토(후원자)가 있었기에 오늘날 을파소가 존재한다 해도 과언이 아닙니다.

고국천왕은 어질고 현명한 왕이었습니다. 마치 촉나라 유비가 제갈량을 삼고초려로 등용시켰던 것처럼, 시골 선비인 을파소를 기꺼이 발탁하여 고구려 최고 관직인 국상에 앉혔습니다. 대신들과 인척이 이에 반발하자 "만약 국상에 복종하지 않으면 일족을 멸하리라."라며 을파소에게 힘을 실어 주었습니다. 이런 지원을 바탕으로 을파소는 강력한 개혁 정치를 펼칠 수 있었던 것입니다.

또한 아무리 을파소가 백성을 사랑하는 마음으로 진대법을 건의했더라도 이 제도를 법으로 정하고 시행하지 않았다면 빛을 발하지 못했을 겁니다. 을파소의 성공은 그를 등용해 개혁 정치를 펼칠 수 있도록 병풍이 되어 준 고국천왕이 없었다면 불가능했을 것입니다.

여러분은 어떤가요? 뜻을 펴기 위해 때를 기다리며 실력을 기르고 있는지, 또 마음먹은 일을 강하게 밀어붙일 배짱과 추진력은 있는지 그리고 여러분의 꿈을 키워 줄 훌륭한 멘토는 두었는지……. 부족하다면 지금부터 열심히 준비해 보세요. 을파소처럼 위기에서 대타로 타석에 들어섰을 때 홈런 한 방을 날릴 수 있는 타자가 될 수 있도록 말이지요. Ⓗ

환상의 짝꿍

고구려를 위기에서 구한
밀우와 유유

하마터면 고구려가 망할 뻔했다. 불행 중 다행으로 밀우와 유유 두 장수 덕에
가까스로 위기에서 벗어났다. 밀우와 유유 두 콤비가 엮어 낸 고구려
위기 탈출 드라마를 환상의 짝꿍에서 만나 보자.

위나라가 고구려를 쳐들어온 까닭

서기 244년 위나라 관구검이 고구려로 쳐들어왔다. 그 무렵 중국은 유비, 조조, 손권의 후예가 삼국을 통일하기 위해 피비린내 나는 싸움을 벌일 때였다. 조조가 세운 위나라는 무엇 때문에 그 와중에 고구려를 치러 온 것일까.

그러니까 6년 전인 서기 238년, 위나라는 위와 고구려 사이에 끼어 있던 연나라를 공격했다. 이때 고구려 동천왕은 군대를 보내 위나라를 도왔다. 하지만 연나라를 정복한 위나라는 고구려와 한 약속을 지키지 않았다. 이에 화가 난 동천왕은 242년 위나라 땅인 서안평을 공격했다. 그러자 위나라가 244년 장수 관구검을 앞세워 고구려 공격에 나선 것이다.

관구검이 1만 군사를 이끌고 고구려로 쳐들어오자, 고구려 동천왕은 5000명의 최정예 철갑 기병과 1만 5000명의 보병을 이끌고 위나라 군대에 맞섰다. 비류수 강가에서 맞붙은 1차전에서 동천왕이 이끄는 고구려 군대가 위나라 군사 3000명을 사살하는 전과를 올렸다. 승기를 잡은 동천왕은 양맥 계곡에서 펼쳐진 2차전에서도 비슷한 성과를 거뒀다.

"위나라 관구검이 훌륭한 장수라더니 내 손바닥 안이로구나. 하하하."

잇따른 승리에 의기양양해진 동천왕은 여세를 몰아 몸소 철갑 기병을 이끌고 후퇴하는 위나라 군대를 쫓았다. 하지만 유비와 손권 세력과 숱한 전쟁을 치러 온

환도성
고구려가 평양으로 천도하기 전의 도성이다. 산상왕 13년(209)부터 장수왕 15년(427)까지 압록강 중류의 서안에 존속하였다. 중국 지린 성 지안 시.

위나라 군대는 결코 호락호락한 상대가 아니었다. 동천왕은 후퇴하던 위나라 군대의 계략에 빠져 역습을 당하면서 9할의 병력을 잃었다.

밀우, 결사대를 조직하다

위나라 장수 관구검이 반격을 개시하자, 동천왕은 도성 환도성을 버리고 함경도 옥저 방향으로 도망쳤다. 관구검은 고구려의 도성을 점령하고, 부하 장수 왕기로 하여금 동천왕을 뒤쫓게 했다. 옥저로 가는 길목인 죽령에서 동천왕이 위나라 군대에 발각돼, 자칫 고구려가 패망할지도 모르는 절체절명의 위기를 맞았다. 고구려 군사들은 뿔뿔이 흩어지고 남은 군사는 얼마 되지 않았다. 바로 그때 동부 출신의 밀우가 왕 앞에 나섰다.

"지금 이대로는 적군의 추격을 막기 어렵습니다. 제가 죽기를 각오하고 막겠사오니 폐하께서는 어서 이곳을 피하십시오."

말이 떨어지기가 무섭게 밀우가 결사대를 이끌고 적진 속으로 돌격했다. 그새

동천왕은 샛길로 도망쳐 위기를 모면했지만, 밀우는 적과 싸우다 쓰러져 피를 흘리고 있었다. 동천왕은 산골 깊숙이 몸을 피한 채 고구려 군사들을 다시 불러 모았다. 그러고는 하부 출신의 장수 유옥구로 하여금 적진에 쓰러져 있는 밀우를 구해 올 것을 명했다. 밀우는 다행히 목숨이 붙어 있었다. 유옥구는 쓰러져 있는 밀우를 업고 무사히 돌아왔다.

동천왕은 밀우를 조심스럽게 자신의 무릎에 뉘우고는 하염없이 눈물을 흘렸다. 한참 뒤에 밀우가 깨어나자, 이를 지켜본 군사들은 장수의 목숨을 자신의 몸처럼 아끼는 동천왕의 모습에 너나없이 크게 감동했다. 동천왕은 남은 군사들을 이끌고 남옥저 바닷가에 이르렀다. 하지만 위나라 군대는 추격을 멈추지 않았다. 동천왕은 더 이상 맞서 싸울 군사도, 마땅한 계책도, 도망칠 구멍도 없었다. 말 그대로 사면초가였다.

유유, 홀로 적진으로 뛰어들다

바로 그때 밀우와 같은 지역 출신인 유유가 나섰다.

"대왕 폐하, 여기서 이렇게 헛되이 죽을 수는 없습니다. 저에게 좋은 계책이 하나 있습니다."

"그래? 어서 말해 보아라!"

"적장한테 항복을 하겠다고 속여 음식을 차려 간 뒤, 틈을 보아 적장을 찔러 죽이겠습니다."

"흠, 계책이 성공한들 그대는 죽을 수밖에 없지 않은가."

"지금은 오로지 그 길밖에 없습니다. 제 계책이 성공한 뒤 폐하께서 공격하시면 마땅히 적군을 무찌를 수 있을 것입니다."

동천왕은 더 이상 유유를 막지 못했다. 곧 유유는 음식을 차려 적장에게 가서 말했다.

　"우리 폐하께서 위나라에 죄를 짓고 지금 도망 중이나 곧 이리로 와서 항복을 할 것이오. 그전에 나를 보내 변변찮은 음식을 대접하려 하니 부디 받아 주시오."

　위나라 장수가 기꺼이 항복을 받아들이자, 유유가 적장에게 음식을 가져가는 척하다가 그릇 속에 숨겨 놓은 단검을 뽑아 적장의 가슴팍을 찔렀다. 그 모습에 화들짝 놀란 위나라 병사들이 유유를 향해 벌 떼같이 달려들었다. 유유는 그보다 먼저 자기 가슴을 잽싸게 칼로 찔렀다.

　적장을 잃은 위나라 진영은 순식간에 혼란에 빠졌다. 동천왕이 그 틈을 타 군사를 이끌고 위나라 진영으로 들이닥쳤다. 기습을 당한 위나라 군대는 전열을 가다듬지도 못한 채 허겁지겁 도망쳤다.

　동천왕이 환도성으로 돌아왔을 때, 도성은 쑥대밭이 되어 있었다. 궁궐과 가옥은 잿더미가 되고, 수많은 백성들은 위나라 군사들에 의해 목숨을 잃었다. 고구려가 패망하지 않은 게 그나마 다행이었다.

　결사대를 이끌고 적진에 뛰어들어 왕의 목숨을 구한 밀우, 목숨을 잃을 줄 알면서도 적진에 홀로 들어가 적장을 죽인 유유, 이 두 장수의 살신성인이 없었다면 고구려라는 나라는 지도에서 지워졌을지도 모른다. 고구려는 밀우와 유유라는 환상의 짝꿍 덕에 국가의 최대 위기를 무사히 넘길 수 있었다. Ⓗ

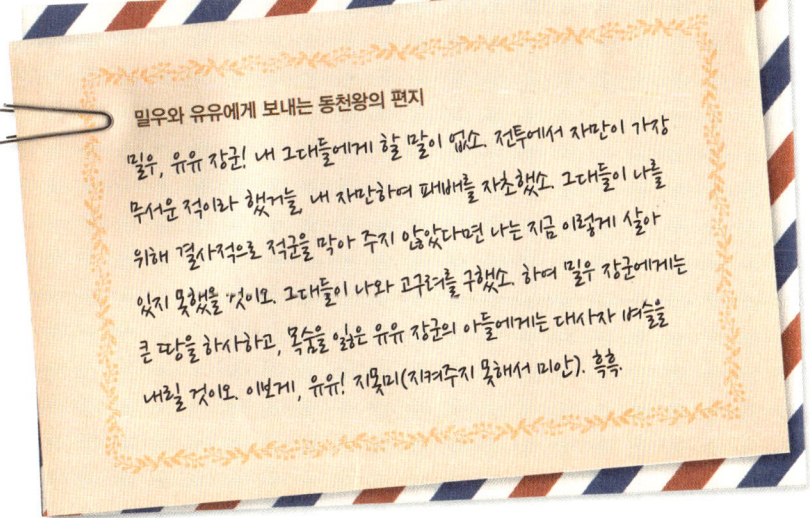

밀우와 유유에게 보내는 동천왕의 편지

밀우, 유유 장군! 내 그대들에게 할 말이 없소. 전투에서 자만이 가장 무서운 적이라 했거늘, 내 자만하여 패배를 자초했소. 그대들이 나를 위해 결사적으로 적군을 막아 주지 않았다면 나는 지금 이렇게 살아있지 못했을 것이오. 그대들이 나와 고구려를 구했소. 하여 밀우 장군에게는 큰 땅을 하사하고, 목숨을 잃은 유유 장군의 아들에게는 대사자 벼슬을 내릴 것이오. 아 보게, 유유! 지못미(지켜주지 못해서 미안). 흑흑.

이야기한국사극장

낙랑 공주와 호동 왕자

1.

　이 이야기는 지금까지 내가 들었던 그 어떤 이야기보다 슬픈, 단군 이래 가장 비극적인 사랑 이야기다.

2.

　서기 32년 어느 여름날, 젊은이 몇몇이 말을 타고 힘차게 바닷가로 내달렸다. 앞서 달리는 청년의 모습이 유난히 눈부시게 빛났다.
　"워, 워!"
　청년이 말 옆구리를 툭툭 차며 고삐를 당겼다.
　"여기서 잠깐 쉬어 가자."
　빼어난 얼굴에 훤칠한 키, 늠름한 기상이 느껴지는 청년은 고구려 대무신왕의 왕자 호동이었다. 사냥에 나섰다가 내친 김에 동쪽 끝 옥저 땅까지 달려온 것이다. 호동은 동해 바다를 바라보며 아버지 대무신왕의 말씀을 떠올렸다.
　'장차 네가 꼭 명심할 일은 북으로 부여를, 남으로 낙랑을, 동으로 옥저를 정복하여

만주와 한반도 일대를 고구려 땅으로 삼아야 할 것이야.'

하지만 호동의 머릿속은 이런저런 생각으로 어수선했다. 아버지처럼 전장에 직접 나가 부여를 치고, 개마국을 정복하고, 더 넓은 고구려, 더 강한 고구려를 내가 만들 수 있을까. 내가…….

호동은 한숨을 길게 내쉬고 자리에서 일어났다. 그때 제법 모양을 갖춘 무리가 호동 왕자 쪽으로 다가왔다. 아주 잠깐 두 무리 사이에 긴장감이 감돌았다. 다가온 무리의 우두머리로 보이는 사내가 호동을 바라보며 말했다.

"혹시 그대는 고구려의 호동 왕자가 아니시오?"

"그렇소이다. 헌데 뉘신지…….'

"과연 소문대로 꽃미남이시오. 나는 낙랑 태수 최리라 하오."

낙랑은 고조선 멸망 이후 중국의 한나라가 옛 고조선 땅에 세운 한나라의 지방 정부였다. 낙랑은 고구려와 국경을 맞대고 있는 이웃 나라지만 엄연한 적의 나라였다.

"말로만 듣던 호동 왕자를 여기서 이렇게 보다니, 필시 하늘의 뜻인 듯하오. 내 그대들을 극진히 대접하고 싶으니 낙랑으로 가십시다."

호동은 청을 거절하기 어려워 그를 따라 낙랑으로 갔다.

낙랑 태수 최리는 호동 일행을 데리고 가면서 생각했다.

'지금 고구려는 강하다. 부여를 공격해 대소왕을 죽이고, 주변 국가들을 하나 둘 정복해 나가고 있다. 살아남으려면 고구려와 가까이 지내야 한다.'

3.

옛 고조선의 자취가 남아 있어서일까. 낙랑의 도성은 궁궐이 화려하고 세련돼 보였다. 호동은 낙랑 도성의 모습을 유심히 눈여겨보았다.

낙랑 태수 최리는 상다리가 부러지게 산해진미를 차리고, 무희들을 내세워 노래와 춤으로 호동 왕자 일행을 융숭히 대접했다. 분위기가 한창 무르익을 무렵, 낙랑 태수가 조용히 손짓을 했다. 그러자 한 여인이 사뿐사뿐 낙랑 왕 쪽으로 걸어왔다. 호동은 무심코 여인을 바라보았다. 그 순간 호동의 심장이 쿵쾅쿵쾅 빠르게 뛰었다.

"제 여식이옵니다."

호동은 지레 짐작하고 있었다. 그날 밤 호동은 낙랑 공주의 얼굴이 아른거려 잠을 이룰 수가 없었다. 호동은 괴로웠다. 사랑에는 국경이 없다지만, 하필 적국의 공주와 로맨스라니, 이런 젠장!

호동은 모든 걸 잊고 낙랑에서 꿈처럼 달콤한 시간을 보냈다. 사랑이란 그런 것이다. 눈빛만 스쳐도 수십만 볼트의 전기가 온몸을 휘감으며 찌릿찌릿하게 만든다. 낙랑 공주도 호동이 좋았다. 두 사람의 사랑이 무르익어 가는 모습을 지켜보며 낙랑 왕은 더없이 흐뭇했다. 어느 날, 낙랑 태수가 호동에게 말했다.

"그대를 나의 사위로 삼고 싶소."

"감히 청하지 못하였으나 소인 또한 간절히 바라던 바입니다. 고구려로 돌아가 폐하 이 처락을 받도록 하겠습니다."

호동은 그 즉시 낙랑 공주에게 다시 만날 것을 기약하고 고구려로 돌아갔다.

4.

고구려로 돌아오자마자 호동은 아버지 대무신왕을 알현했다.

"그래, 갔던 일은 어찌 되었느냐?"

"계획대로 공주와 혼인을 하기로 하였습니다. 하온데……."

"하온데?"

"공주를 진짜 사랑하게 되었습니다."

"허허, 그거 참. 허나 너는 고구려를 위하여 네 할 일을 해야만 하느니라."

호동이 옥저 쪽으로 사냥을 나섰던 것은 낙랑에 접근하기 위해서였다. 낙랑에는 적이 침입해 오면 저절로 울리는 자명고와 뿔피리가 있었다. 고구려는 진작 낙랑을 정벌하려 했으나 자명고 때문에 선뜻 공격을 못 하고 있었다. 그래서 호동이 자명고를 없앨 의도로 낙랑 공주한테 접근했던 것이다.

호동은 진심으로 공주를 사랑했기 때문에, 공주를 궁지에 빠뜨리고 싶지 않았다. 하지만 대무신왕의 뜻이 워낙 완강해서 호동으로서도 어쩔 수가 없었다. 호동은 곧 낙랑 공주에게 편지를 띄웠다.

호동의 편지를 받아 든 공주는 가슴이 뛰었다. 드디어 호동 왕자가 자신과 혼인하기로 마음먹은 줄 알았던 것이다. 공주는 편지를 펼쳤다.

"그대가 자명고를 찢으면 내가 예를 갖춰 그대를 맞을 것이오. 하지만 북을 찢지 못하면 우리는 다시 만나지 못할 것이오."

순간 공주의 얼굴이 슬픈 빛으로 변했다. 북을 찢지 않으면 사랑하는 사람을 다시 보지 못할 것이고, 북을 찢으면 아버지와 조국을 배신하게 되는 것이다. 공주는 선택을 해야 했다. 사랑이냐, 조국이냐. 공주는 결국 사랑을 선택하고 북을 찢기로 마음먹었다. 조국을 덜 사랑해서가 아니라 호동 왕자를 더 사랑했기 때문이다.

깊은 밤, 공주는 자명고와 뿔피리가 있는 방으로 들어가 날카로운 칼로 자명고를 찢고 뿔피리를 깨뜨렸다. 그러고 나서 호동 왕자에게 사람을 보냈다. 공주한테서 북을 찢었다는 소식을 들은 호동은 대무신왕에게 그 사실을 알렸다.

호동 왕자를 선봉에 세운 고구려 군이 물밀듯 낙랑으로 쳐들어갔다. 당연히 자명고는 울리지 않았다. 낙랑 태수는 자명고가 울리지 않은 사실을 알고 공주를 불렀다.

"자명고를 찢은 것이 네 짓이냐?"

"……"

"네가 감히 이 아비와 나라를 배신하다니. 에잇!"

낙랑 태수는 칼을 들어 그 자리에서 공주를 내리쳤다. 공주는 피를 흘리며 쓰러졌다.

"호동 왕자님……."

고구려 군의 급습을 받은 낙랑은 쉽게 무너졌다. 낙랑 태수 최리는 전세가 기운 걸 깨닫고 항복했다. 그제야 호동을 불러들인 걸 후회했지만 때는 이미 늦었다.

호동은 성안으로 들어가자마자 낙랑 공주를 찾았다.

"공주, 공주, 어디 있소, 공주!"

하지만 호동을 맞이한 것은 공주의 싸늘한 시신이었다. 호동은 공주를 끌어안고 목 놓아 울부짖었다.

5.

호동이 낙랑을 정복하고 고구려로 돌아오자 대무신왕은 크게 기뻐했다. 어려서부터 호동을 끔찍이 아꼈던 대무신왕은 이번 낙랑 정복으로 호동을 더욱 신뢰하게 되었다. 그러자 첫째 왕비는 자칫하다가는 태자 자리를 둘째 왕비에게서 난 호동에게 빼앗길지도 모른다는 걱정이 들었다. 곧 첫째 왕비는 대무신왕을 찾아가 아뢰었다.

"호동이 저를 없이 여기고 희롱했습니다."

"무슨 소릴 하는 거요? 호동은 절대 그럴 아이가 아니오!"

대무신왕은 첫째 왕비의 말을 믿지 않았다. 하지만 왕비가 끈질기게 호동을 모함하자 왕도 더는 속아 넘어가지 않을 수 없었다. 대무신왕이 호동을 불러 엄벌을 내리려 하자, 호동을 따르는 신하가 호동에게 말했다.

"왕자님, 왜 그리 가만히 계십니까? 어서 아니라고 말씀하십시오."

"내가 만일 해명을 하게 되면 어머니의 죄상이 드러나게 될 것이요. 이는 폐하께 근심을 끼치는 일입니다."

단지 그뿐만은 아니었다. 호동은 공주가 그리웠다. 다 버리고 그녀의 곁으로 가고 싶었던 것이다. 끝내 호동은 스스로 목숨을 끊었다. 호동 왕자와 낙랑 공주의 비극적인 사랑은 그렇게 막을 내리고 말았다. Ⓗ

상상해 봐 국가가 없다고

기사가 나가고 나면 여기저기서 한번 놀러 오라고 난리다. 구석기 시대 때 만난 승리산 우가는 자기가 병만족 추장보다 더 생생하게 하이에나 사냥을 보여 주겠다며 아직도 연락해 온다. 일기를 보내 온 신석기 소녀도 이 기자 아저씨 보고 싶다고 난리다. 캬, 이놈의 인기는 식을 줄 몰라!

기사 마감 때문에 모두 다 가 볼 순 없다. 그래도 이번 연락은 뿌리치기 어려웠다. 그동안 청동기 마을이 어떻게 변했는지 궁금했기 때문이다. 그래서 진주 남강에 있는 청동기 농경 마을로 떠나기로 했다. 간단히 짐을 챙겨 길을 나섰다. 가는 내내 비틀즈 출신 가수 존 레논이 부른 〈이매진〉을 들었다.

"국가가 없다고 상상해 봐/ 죽일 일도 없고 죽을 일도 없겠지."

이 노래는 마치 국가가 생겨나면서 전쟁이 빈번해진 요즘 같은 청동기 시대를 반영한 듯하다. 이쯤 되면 여러분 중에 볼멘소리를 하는 친구가 분명 있을 거다.

"아무리 시간을 달린다지만 이 기자님 너무하시는 거 아니에요? 바로 앞에서 고구려 시대 낙랑 공주와 호동 왕자 이야기까지 다 해 놓고 다시 청동기 시대라니. 그리고 또 1971년에 발표된 존 레논의 〈이매진〉 노래는 뭐예요?"

그러니까 상상을 하라고. 역사는 무한한 상상력의 세계니까. 헤헤.

전쟁의 먹구름이 지나간 마을

진주 남강 변에 있는 대평 마을에 다다르자, 지난번 취재 때 보았던 평화로운 모습은 온데간데없었다. 추수 때인데도 황금물결 치던 논밭은 텅 비어 있었고, 마을을 빙 둘러쌌던 목책도 무너져 있었고, 곳곳에 불에 타 버린 집들이 눈에 띄었다. 대체 이게 어찌 된 일일까.

게다가 마을에는 지나다니는 사람조차 없었다. 해가 기자 노인들과 아이들이 하나 둘 마을에 나타났다. 노인 한 분께 어쩌다 마을이 이렇게 됐는지 물어봤다.

"며칠 전 낙동강 하구에 있는 부족 사람들이 배를 타고 우리 마을에 갑자기 들이닥쳤지요. 그 사람들은 번쩍이는 청동 칼과 창을 들고 있었어요. 우리가 미처 싸울 준비도 하기 전에 그들은 다짜고짜 목책을 부수고 마을로 들어와 추수해 놓은 곡식을 빼앗고,

진주 남강 대평리
유적지 발굴 현장

우리 마을의 특산품인 옥으로 만든 장신구들을 깡그리 가져갔어요. 뒤늦게 마을 사람들이 대항한다고 해 보았지만 소용없었어요. 그 사람들은 한바탕 마을을 뒤집어 놓고는 마을 사람들까지 끌고 가 버렸지요."

아뿔싸! 내가 이곳으로 오는 사이에 그런 일이 벌어진 거였다. 봄이면 씨 뿌리고 여름이면 남강에서 물고기 잡고 가을이면 추수해서 겨울 내내 행복하게 살던 이 마을을 누가 이토록 처참하게 짓밟은 것일까.

어쩜 이게 다 세상이 변한 탓이다. 청동기 시대 들어 농업이 발달하자 남아도는 곡식이 생겨났고, 그러다 보니 더 많은 곡식을 차지하려는 부족 간에 서로 싸움이 일어나는 것이다.

돌도끼 들고 멧돼지 잡으러 다니던 사람들이 이제는 발달한 청동 검과 청동 창을 들고 이웃 부족의 식량을 빼앗으러 다녔다. 희생이 따르긴 했지만 전쟁은 힘든 사냥이나 농사보다 훨씬 경제적이었다. 한 번에 많은 식량을 손에 넣을 수 있었고, 잘하면 노예까지 얻을 수도 있었으니까. 결국 남아도는 곡식 때문에 사유 재산과 계급과 국가가 생기고, 피 터지는 전쟁이 일어나게 된 것이다. 대평 마을이 쑥대밭이 된 것도 이 같은 시대 변화 탓이다.

다시 평화가 찾아왔지만

대평 마을에 온 지 며칠 뒤, 사라졌던 마을 사람들이 하나 둘씩 돌아왔다. 나한테 연락했던 친구도 그제야 나타났다.

"해마다 우리 마을에서 수확한 곡식과 옥으로 만든 장신구를 바치는 조건으로 마을 사람들을 풀어 주었다네."

곧이어 친구는 "이웃 부족의 노예로 살지 않은 게 그나마 다행이지만, 앞으로 그놈들에게 식량까지 바치려면 사는 게 더 고달파질 것"이라고 걱정했다.

그렇다고 이웃 부족이 시키는 대로 하지 않으면 또다시 마을을 약탈할 테니 어쩔 수 없는 노릇 아닌가. 어쨌거나 대평 마을은 돌아온 사람들 덕에 모처럼 생기가 돌았다. 마을 사람들은 부족의 최고 우두머리인 군장의 지시에 따라 다시 집을 짓고, 목책을 수리하고, 숨겨 놓은 식량으로 겨우 새 삶을 살 준비를 해 나갔다.

강 언덕에 앉아 남강을 내려다보며 친구가 나에게 말했다.

"이제 우리 마을도 청동 무기로 무장하고 전쟁 준비도 열심히 해서 이웃 부족의 침략에 대비해야 할 것 같네. 이대로 당하고만 살 순 없지 않겠나."

그러게. 전쟁의 시대에 살아남으려면 적보다 더 강해지는 수밖에 없을 것 같다. 그래야 최소한 자기 마을의 평화를 지킬 수 있을 테니까.

친구와 작별 인사를 나누고 돌아오는 내내 마음이 무거웠다. 마음을 달래려고 존 레논의 〈이매진〉을 들었다.

"소유가 없다고 상상해 봐/ 탐욕을 부리거나 굶주릴 필요가 없겠지/ 상상해 봐/ 모든 사람들이 세상을 함께 나누는 것을."

꿈같은 노래다. 이제 죽었다 깨어나도 그런 시대는 다시 오지 않을 것이다. 인간의 탐욕이 사라지지 않는 이상, 전쟁을 통해 남의 것을 빼앗으려는 국가가 이 세상에서 사라지지 않는 이상은 말이다. Ⓗ

특파원리포트

세계는 지금

메소포타미아, 이집트, 인도, 중국에서 새로운 문명의 바람이 거세게 불고 있다. 아울러 공자, 석가모니, 예수 등 인류사를 빛낼 성인들이 저마다의 사상을 인간 세상에 뚜렷이 족적을 남겼다. 세계 곳곳에서 일어나고 있는 새로운 문명 탄생의 현장으로!

CIVILIZATION
MESOPOTAMIA
EGYPT
CHINA

RELIGION
BUDDHA
CONFUCIUS
JESUS

DEMOCRACY
GREECE
ATHENE

EMPIRE
ROMA
ITALY

큰 강 끼고 세계 4대 문명 발생

새로운 문명이 탄생한 네 지역 모두 큰 강을 끼고 있었다. 이 같은 공통점에도
네 곳 모두 저마다 독특한 개성을 지니고 있었다. 그렇다면 과연 그것은 어떤 것일까?

인류 최초의 문명 메소포타미아 문명

메소포타미아란 '두 강 사이의 땅'이란 뜻이다. 두 강이란 유프라테스와 티그리스 강을 일컫는다. 그 두 강 사이에 있는 비옥한 초승달 지대(이라크 지역)에서 기원전 6000년 무렵 메소포타미아 문명이 탄생했다.

이곳 문명을 처음 일군 사람들은 수메르 인이다. 수메르 인은 비옥한 토지에서 인류 최초로 농사를 짓고, 달이 변화하는 주기를 파악해 태음력을 만들고, 지구라트라는 신전을 지어 신에게 제사를 지냈다. 또한 물레를 이용해 도자기를 빚고, 인류 최초로 청동기와 바퀴를 만들어 사용했다고 한다. 특히 그들은 기원전 3000년경부터 약 3,000년간 점토 위에 갈대나 금속으로 새기는 쐐기 모양의 독특한 문자를 썼는데, 이것이 훗날 알파벳이 기원인 페니키아 문자에 영향을 주었다고 한다.

메소포타미아 문명이 세상에 알려지는 데 큰 기여를 한 인물은 기원전 18세기 메소포타미아 지역을 통일한 함무라비 왕이다. 그는 자신의 이름을 딴 법전을 만들어 인류 역사에 이름을 남겼는데, "눈에는 눈, 이에는 이"라는 공평한 보복이 이 법의 기본 정신이다. 함무라비 왕은 282개에 이르는 법 조항을 돌기둥에 새겨 인류의 문화 유산으로 남겼다. 함무라비 법은 인류 최초의 법전으로 길이길이 빛날 것이다.

함무라비 법전

나일 강의 선물 이집트 문명

아프리카 북부 이집트에서도 문명이 탄생했다. 기원전 5000년 무렵부터 나일 강 유역의 기름진 대지 위에서 이집트 문명이 일어났다. 이집트는 사방이 사막과 바다로 막혀 있어서 외부 침입이 비교적 적었다. 그래서 기원전 3100년 무렵 메네스 왕이 남과 북의 이집트를 통일한 이후 기원전 332년 알렉산드로스에게 정복당하기까지 약 3,000년 동안 고유한 문화를 꽃피웠다.

취재 결과 이집트 문명도 메소포타미아 문명 못지않게 엄청나다는 사실을 알아냈다. 이집트에서는 사물의 모양을 딴 상형 문자를 만들어 파피루스(종이를 뜻하는 페이퍼라는 영어 단어의 어원)에 기록하고, 한 달은 30일, 1년은 365일이라는 태양력을 만들어 사용하고 있었다.

이집트에서 특히 놀라웠던 건 왕의 무덤인 피라미드를 만드는 공사 현장이었다. 나일 강의 잦은 범람으로 할 일이 없어진 수많은 농민들은 피라미드를 세우는 데 동원됐다. 기원전 2500년 무렵 지어진 쿠푸 왕의 피라미드는 10만 명의 인원이 약 10~20년에 걸쳐 평균 2.5톤의 돌 약 230만여 개를 높이 147미터까지 정교하게 쌓아올려 만들었다고 한다. 이렇게 거대한 돌무덤을 많이 만들다 보니 이집트에서는 수학과 기하학, 측량술, 건축술 등 건축 관련 학문이 무척 발달했다고 한다.

쿠푸 왕의 피라미드

황허 유역에서 일어난 중국 문명

기원전 5000년 무렵, 황허(황하) 유역의 비옥한 황토 지대에서 황허 문명이 탄생했다. 황허 문명을 일군 왕조는 하나라, 상나라(은나라라고도 한다), 주나라로 알려졌다.

하나라 우왕은 치수를 잘한 공로로 왕이 되었다는 전설의 인물이다. 역사가 사마천이 《사기》에서 하나라가 472년 동안 지속된 나라였다고 기록했지만, 아직도

갑골 문자

갑골 문자는 중국 상나라 때 왕이 거북의 등딱지나 짐승의 어깨뼈를 사용해서 점을 친 후, 점괘를 짐승 뼈에 새겨 넣은 글자를 말한다. 한자의 기원이 되는 문자로, 상나라의 정치, 사회, 경제 상황이 잘 드러나 있다.

많은 사람들은 하 왕조가 전설 속의 나라일 거라고 여긴다. 하지만 이 지역에서 기원전 2000년 무렵의 청동기와 궁전, 성벽 등이 발견돼 하 왕조가 실재한 나라일 거라는 설도 있다.

하나라에 이어 기원전 1600년에 들어선 상나라는 '전설'의 의심에서 확실히 벗어난 국가다. 알려진 바에 따르면, 상나라 왕은 단군왕검처럼 제사와 정치를 겸하는데, 특이한 건 국가의 중요한 일을 점을 쳐서 결정한다는 것이다. 그 증거가 바로 갑골 문자다.

상나라에 뒤이어 들어선 주나라는 자기가 통치하는 지역을 제외한 땅을 친척과 신하들에게 나누어 주어 다스리게 했다. 왕은 그 대가로 제후들로부터 세금과 군대를 지원 받았다. 이런 왕과 제후의 관계를 봉건제라고 한다. 봉건제는 차츰 힘이 세진 제후들이 왕의 간섭에서 벗어나 스스로 나라의 간판을 달고 중원(중국 문명의 중심지로 황허 유역을 가리킴)을 차지하게 위해 칼을 빼들면서, 바야흐로 춘추 전국 시대로 접어든다.(기원전 770~기원전 221년)

계획도시를 갖춘 인더스 문명

기원전 3000년 무렵 인도 북서부의 인더스 강 유역에서 인더스 문명이 탄생했다. 인더스 문명을 대표하는 두 도시 하라파와 모헨조다로를 둘러봤는데, 모헨조다로가 매우 인상적이었다.

모헨조다로는 정교하게 지어진 계획도시이다. 일정한 크기로 구운 벽돌로 성벽과 도로를 만들고 대목욕장과 주거지, 배수로와 수세식 화장실 등을 만들었다. 특히 대목욕장 둘레에는 복도를 만들었고, 복도를 따라 방을 만들었다.

그런데 어찌 된 일인지 그들이 누린 삶은 5,000년이 넘는 시간 동안 땅속에 묻혀 있다가 하라파라는 고대 도시가 발견되고 나서야 비로소 세상에 모습을 드러냈다. 하라파를 시작으로 이들이 만든 여러 도시가 잇달아 세상에 소개됐는데,

그중 모헨조다로와 하라파가 대표적이다.

  인더스 사람들에 이어 인더스 강 유역에는 아리아 인이라는 새로운 사람들이 들어와 자리를 잡았다. 아리아 인은 원래 중앙아시아에 살았는데, 기원전 2000년쯤 살던 곳을 떠나 유럽과 남쪽 아시아로 들어갔다. 그리고 기원전 1800년 무렵에는 힌두쿠시 산맥을 넘어 인더스 강 상류 펀잡 지방에 자리를 잡았다. 그 후 아리아 인 전사들은 철제 무기를 이용해 차츰 인도의 동쪽과 남쪽으로 세력을 넓혀 나가며 힌두 문명을 만들었다. Ⓗ

인도의 신분 제도 카스트
아리아 인은 인도 원주민들을 지배하기 위해 엄격한 신분 제도를 만들었다. 카스트로 알려진 이 제도는 사람의 신분을 사제, 왕과 귀족, 평민, 노예 등 네 계급으로 나눈다. 카스트는 포르투갈 말로 '계급'이라는 뜻이다. 이 네 계급에도 속하지 않은 가장 낮은 신분을 일컬어 불가촉천민이라 한다.

4대 문명 발생 연표
기원전 6000년 무렵 메소포타미아 문명 시작
기원전 5000년 무렵 이집트 문명 시작
기원전 5000년 무렵 황허 문명 시작
기원전 3000년 무렵 인더스 문명 시작

모헨조다로 유적지

석가모니, 공자, 예수의 탄생

가문 땅에 단비가 내리듯 전쟁과 가난에 시달리는 영혼들에게 '힐링'의 메시지를 전하는 이들이 출현했다. 석가모니, 공자, 예수가 바로 그 주인공들이다. 비록 짧은 만남이지만, 세 성인들한테서 깊은 인상을 받았다.

【인도, 중국, 이스라엘】 "인간은 본래 번뇌하는 존재다. 번뇌는 욕망으로 말미암은 것이니, 부디 욕망을 없애고 참된 자유를 구하라."

인도 쿠시나가라 숲에서 석가모니가 제자와 대중들을 모아 놓고 설법하고 있다. 살가죽과 뼈만 앙상하게 남았지만, 목소리는 맑고 온화하기 그지없었다.

그는 왕족의 태자로 출생하여 결혼하고 아들까지 있었지만, 사람은 왜 태어나서 늙고 병들어 죽을까를 고민하다가, 29세에 왕궁을 떠나 출가하였다. 그러다 6년 만인 35세 때 보리수 아래서 큰 깨달음을 얻고, 80세에 입적할 때까지 각지에서 중생을 교화했다.

나는 참된 자유를 구하기는커녕 기사 마감에 얽매여 석가모니가 말씀을 전하던 숲을 떠났다. 곧이어 닿은 곳은 중국 땅 노나라. 노나라에서 만난 공자는 나를 보더니 "벗이 있어 먼 곳에서 찾아오면 또한 즐겁지 아니한가."라며 반갑게 맞아 주었다.

공자가 살았던 춘추 시대는 제후들 간에 밤낮으로 전쟁을 벌이던 시기였다. 이런 혼란 속에서 공자는 무엇보다 주나라의 질서, 특히 주나라의 규범이었던 '예(禮)'를 회복해야 한다고 주장했다. 그러기 위해서는 인간의 본성인 어진 마음, 곧 '인(仁)'을 잘 표현하고 따라야 한다고 했다. 그리고 공자는 사람이 인과 예를 배우고 익혀 그것을 실천할 때만 의미가 있다고 보고, '배움'과 '가르침'을 강조했다.

석가모니와 불교

석가모니(기원전 566~기원전 486)가 열반에 든 후 제자들이 그의 말씀을 세상에 전파하기 시작했다. 그렇게 퍼져 나간 불교는 남아시아, 중국, 티베트, 한국, 일본 등으로 전파됐다. 자비와 윤회 사상을 핵심으로 하는 불교는 우리나라에서 가장 큰 종교 가운데 하나로 자리 잡았다.

기자는 공자의 가르침을 되새기며 노나라를 떠났다.

마지막으로 찾아간 곳은 예루살렘의 어느 광장. 그곳에선 자신을 하느님의 아들이라고 하는 예수라는 사내가 하느님의 말씀을 전하고 있었다.

"나는 길이요, 진리요, 생명이니, 나를 말미암지 않고는 하느님 아버지께 올 자가 없다."

당시 유대인은 로마의 지배를 받고 있었는데, 하느님이 곧 메시아를 보내 유다 왕국을 독립시켜 줄 거라고 믿고 있었다. 유대인들은 예수가 바로 메시아라고 생각했지만, 정작 예수는 로마한테서 독립하는 것은 중요하지 않고 영혼을 구원받는 것이 중요하다고 가르쳤다. 화가 난 유대인은 로마 총독에게 고발했고, 총독은 백성을 선동했다는 죄를 씌워서 예수를 십자가형에 처했다.

기자는 세 성인과의 만남을 모두 마치고 돌아오는 길에, 앞으로 오랜 세월 사람들의 내면 깊숙이 그분들의 말씀이 자리를 잡을 거라는 확신이 들었다. Ⓗ

공자와 유교

유교는 공자(기원전 551~기원전 479)가 이룩한 유학이 발전된 종교다. 그래서 유교는 종교라기보다 생활 윤리에 가깝다. 충과 효를 강조하는 유교는 고대의 중국 사회뿐만 아니라, 주변 동아시아 국가의 정치 이념으로 자리 잡았다. 특히 우리나라는 유교의 영향을 크게 받은 나라 가운데 하나다.

예수와 크리스트교

예수(기원전 4?~기원후 30?)가 죽은 뒤 그의 제자 베드로와 사도 바울 등이 로마 전 지역으로 선교 활동을 하면서 크리스트교가 생겨났다. 그러다가 313년에 로마 황제 콘스탄티누스가 크리스트교를 공인하면서 전 유럽 사회로 빠르게 확산됐다. 우리나라는 조선 후기에 천주교가 먼저 들어오고, 그 뒤 구한말에 개신교가 들어오면서 불교, 유교와 함께 가장 큰 종교로 자리 잡았다.

아테네에서 민주주의 꽃피다

그리스 아테네에서 민주주의라는 낯선 정치 제도가 선보였다. 왕이나 황제가 아닌 시민들이 국가의 일을 결정하고 나라를 이끌어 간다는데, 민주주의의 발원지 아테네로 한번 가 보기로 한다.

【그리스 아테네】 아크로폴리스 언덕 위에 서 있는 파르테논 신전. 그 웅장한 모습이 한눈에 들어오는 아고라 광장에서 아테네 시민들이 줄을 서서 투표를 하고 있었다. 해마다 한 번씩 실시되는 도편 추방제 투표 현장의 모습이다.

도편 추방제는 기원전 6세기 말 클레이스테네스가 도입한 제도이다. 투표에 참여한 시민들은 독재자가 될 위험이 있는 사람의 이름을 도자기 파편에 적어 항아리에 넣었는데, 6,000표 이상 나오는 사람은 10년 동안 아테네에서 추방되었다.

아테네 시민들은 아고라 광장에 모여 자유롭게 자신의 의견을 발표하고, 토론하고, 투표한다. 한편, 평민을 대표하는 기구인 민회는 법을 만들고, 재판을 하고, 관리를 뽑고, 국가의 중요한 일을 결정하는 최고 권력 기관으로 발돋움한다. 아테네 시민들은 어떻게 이런 민주주의를 꽃피울 수 있었을까.

기원전 8세기 후반부터 아테네는 인구가 늘어나고 상업과 무역이 발달하면서 부자가 된 평민이 많아졌다. 하지만 인구가 늘자 토지가 부족해지고 곡물값이 올라 가난한 평민은 땅을 팔 수밖에 없었고, 나중엔 노예가 되었다.

그러자 평민들이 기원전 596년에 솔론이라는 정치가를 지도자로 뽑아 사회를 개혁하는 임무를 맡겼다. 솔론은 평민들이 노예가 되지 않도록 평민 보호 정치를 펼쳤다. 솔론에 이어 지도자가 된 클레이스테네스는 도편 추방제를 도입해 시민들의 권한을 더욱 강화했다. 뒤이어 페리클레스는 가난한 사람도 관직에 나갈 수 있게 해 주었다. 아고라 광장에서 투표를 참관하는 페리클레스를 잠깐 만났다.

모든 권력은 시민의 손에서 나온다

– 민주주의가 뭔가요?

"데모크라시라고 하는데, 모든 권력이 시민의 손에서 나오는 제도라고 보면 됩니다."

– 모든 권력이 시민의 손에서 나온다면 왕이나 귀족은 손 놓고 있나요?

"아테네에 왕은 없고 귀족은 있습니다. 하지만 권력은 소수 귀족이 아니라 다수 시민들에게 있습니다. 국가의 모든 일은 시민이 참여하는 민회에서 결정합니다.

– 시민이 모두 참여해서 결정한다는 게 이해가 안 되는데요.

"여자와 노예를 제외한 성인 남자 시민들만이 민회에 참여합니다."

– 아테네에서 민주주의가 꽃핀 까닭은 무엇인가요?

"모든 시민이 자유롭게 자신의 의견을 발표할 수 있고, 법 앞에서 평등하다는 정신을 확립했기 때문이 아닐까요? 그럼 저는 투표 때문에 이만."

아테네 이후의 민주주의

아테네 민주주의는 스파르타와 벌인 펠로폰네소스 전쟁(기원전 431~기원전 404)에 패한 이후 시련을 겪기 시작했다. 그러다가 기원전 334년 마케도니아에 정복된 이후 민주주의도 막을 내렸다. 인류 역사에서 민주주의가 다시 시민들의 입에 오르내리기 시작한 건 2,000여 년이 지난 19세기 말부터였다. 그나마 기나긴 세월 수많은 사람들의 희생이 따랐기 때문이다. 오죽했으면 민주주의는 피를 먹고 자란다고 했을까.

아테네에서는 문화의 꽃도 활짝 피어났다. 페리클레스에 의해 설계되고 피아디아스가 건축한 파르테논 신전이 아크로폴리스 언덕 위에 우뚝 서고, 헤로도토스가 지은 《역사》가 베스트셀러가 되고, 소크라테스와 플라톤, 아리스토텔레스 같은 철학자들에 힘입어 철학이 대 유행이다. 시민들이 자유롭게 정치에 참여하는 민주주의 분위기 속에서 문화가 싹트고 발달한 것이 아닐까. Ⓗ

아크로폴리스 언덕 위의 파르테논 신전

속보! 지금은 로마 제국 시대

유럽의 태양이 그리스에서 로마로 넘어온 걸까. 기원전 1세기, 로마가 알렉산드로스 제국 못지않은 넓은 영토를 차지하며 '로마에 의한 평화 시대'를 열었다.

아우구스투스 조각상

기원전 27년 로마 원로원이 카이사르의 양아들인 옥타비아누스에게 아우구스투스(존엄한 자)라는 칭호를 부여했다. 아우구스투스는 스스로 황제가 아니라 제1시민이라고 했지만, 사실상 그는 로마의 첫 번째 황제나 다름없었다. 이로써 로마는 기원전 753년 늑대 젖을 먹고 자란 로물루스가 작은 도시 국가를 건국한 이후 황제가 다스리는 제국으로 탈바꿈하였다.

건국 이후 로마는 기원전 6세기에 공화정을 실시하고, 120여 년간 계속된 포에니 전쟁에서 승리했으며, 알산드로스가 세운 마케도니아 제국을 접수하는 등 대제국을 건설할 준비를 차곡차곡 해 왔다.

그 후 로마는 200여 년간 팍스 로마나(로마에 의한 평화 시대)를 누리게 된다. 부유한 시민들은 화려한 저택에서 연회를 베풀고, 콜로세움에서 전차 경주와 검투 경기를 관람하며, 공중목욕탕에서 사우나와 사교 모임을 가지는 등 사치 생활을 즐기게 될 것이다. 하지만 달도 차면 기우는 법. 4~5세기경부터 북유럽 쪽에서 밀고 들어오는 게르만 족에 의해 어두운 운명에 처한다. Ⓗ

고대 로마 제국 약사
- 기원전 753년 로물루스, 도시 국가 로마 건국
- 기원전 509년 공화정 실시
- 기원전 264년 포에니 전쟁(~기원전 146년) 승리
- 기원전 27년 아우구스투스, 황제 등극
- 313년 콘스탄티누스, 크리스트교 공인
- 476년 게르만 족에게 서로마 제국 멸망

문화와 생활

생활 문화의 현장으로!

선사 시대와 삼국 시대 사람들은 어떤 문화를 즐기며 살았을까. 어떤 그림을 그리고 어떤 노래를 불렀을까. 그들은 또 어떤 집에서 살며 무얼 먹고 무슨 옷을 입고 살았을까. 선사 시대와 삼국 시대 초기 사람들의 문화와 생활 속으로!

Publication
Music
Art

따끈따끈 화제의 책

선사 시대는 문자 기록이 없던 시대여서 이 시대를 알려 주는 책이 거의 없다. 따라서 이웃 나라와 미래 시대에서 어렵사리 구한 베스트셀러 책을 통해 작은 일면이라도 살펴보자.

대결! 역사 《삼국지》 VS 소설 《삼국지》

제목은 같지만 분야가 다른 두 책이 베스트셀러 목록에 나란히 이름을 올렸다. 한 권은 중국 서진(西晉)의 역사가 진수(233년~297년)가 편찬한 정통 역사서 《삼국지》이고, 또 다른 한 권은 중국 원나라 말기에서 명나라 초기의 소설가 나관중(1330?~1400년)이 지은 동아시아 최고의 베스트셀러인 소설 《삼국지》다.

두 책의 공통점은 제목이 같다는 것(물론 소설 《삼국지》의 원제목은 《삼국지연의》이지만, 통상 《삼국지》라고 이른다)과 다루는 시기가 같다는 점이다. 두 책 모두 위, 촉, 오 삼국이 중원의 패권을 차지하기 위해 대결을 펼치던 시기를 다루고 있다. 차이점이라면 정사 《삼국지》가 조조의 위나라를 정통 왕조로 본 반면, 소설 《삼국지》는 유비의 촉나라 중심으로 서술됐다는 점이다.

그리고 정사 《삼국지》의 〈위서〉 '동이전'에 기록된 부여, 고구려, 동옥저, 읍루, 예, 삼한 전은 우리나라의 고대사 연구에 귀중한 자료이다. 《삼국지》, 땡큐!

미리 보는 우리 역사서 베스트셀러

《삼국사기》 VS 《삼국유사》

고조선과 삼국 시대를 다룬 우리나라 역사책도 있는데, 그건 바로 《삼국사기》와 《삼국유사》다. 《삼국사기》는 고려 인종 23년(1145)에 학자 김부식이 고구려, 백제, 신라 삼국의 역사를 다룬 정통 역사서이고, 《삼국유사》는 고려 충렬왕 11년(1285)에 승려 일연이 지은 역사서다.

《삼국사기》는 현존하는 우리나라 최고의 정사라는 찬사를 받는 반면에, 서술이 지나치게 신라에 편중돼 있다는 비판을 받고 있다. 《삼국유사》는 고조선에 관해 언급한 우리나라 최초의 역사서로, 삼국의 역사뿐 아니라 불교에 관한 신화·전설·시가 따위를 풍부하게 수록하였다는 평가를 받고 있다. 우리나라 고대 역사서의 양대 산맥인 《삼국사기》와 《삼국유사》로 삼국 시대 선행 학습을 한번 해 보는 건 어떨까.

소설 《삼국지》

《삼국사기》   《삼국유사》

책의 지존을 찾아서

《사기》와 《역사》, 동서양 최고의 역사서!

동서양의 두 역사서가 《특종! 달려라 한국사》가 집계하는 지구촌 베스트셀러 1위 자리를 놓고 치열한 경합을 벌이고 있다. 그 주인공은 바로 《사기》와 《역사》. 과연 금세기 최고의 베스트셀러 자리를 누가 차지할 것인가.

역사가 사마천이 지은 《사기》는 중국인 특히 한족의 시조라고 할 수 있는 황제로부터 시작하여 사마천의 시대, 즉 한나라 무제에 이르는 거의 3,000여 년의 역사를 서술하고 있는 책이다. 사기는 제왕들의 역사를 기록하고 있는 12본기, 연대기에 해당하는 10표, 각종 제도와 문물의 연혁을 기록한 8서, 제후국들의 권력 승계 및 역사를 기록한 30세가, 역사 속 인물들에 관한 기록인 70열전 등으로 구성되어 있다.

《사기》에 관한 숨은 히스토리가 있다. 한나라 장수 이릉이 불가항력적인 상황에서 흉노에 항복하자, 한 무제가 이릉의 가족을 모두 죽이려 했다. 이에 사마천이 죽음을 무릅쓰고 이릉을 변호하고 나서자, 화가 난 한 무제는 사마천에게 죽음보다 치욕적인 궁형(생식기를 자르는 벌)을 내린다. 사마천은 집필하고 있던 《사기》를 마쳐야 한다는 일념으로 치욕을 견디고 끝끝내 《사기》를 완성했다.

사마천

《역사》는 기원전 425년 무렵에 그리스의 역사가 헤로도토스가 쓴 역사책으로, 페르시아 전쟁의 역사를 이야기 식으로 기술하였다. 헤로도토스가 《역사》를 쓸 무렵 아테네는 페르시아의 침략을 물리치고 자신감에 넘쳐 있었다. 이때 정복자 알렉산드로스는 그리스 문화와 동방 문화가 어우러진 헬레니즘 시대를 열어 위대한 영웅으로 인정받았다.

헤로도토스는 바로 이런 그리스의 전성기를 역사책에 담아냈다. 그는 《역사》에서 페르시아 전쟁을 중심으로 동방 여러 나라의 역사와 전설 및 그리스 여러 도시의 역사를 서술함으로써, 그리스뿐만 아니라 유럽 전역에서 '역사의 아버지'로 불리고 있다.

동서양을 대표하는 역사서 《사기》와 《역사》. 과연 지구촌 역사서 베스트셀러 지존의 자리는 어떤 책이 차지할까. 궁금한 독자들은 《특종! 달려라 한국사》 편집실로 주문 바람. 1588-XX88. 두 권 주문 시 《특종! 달려라 한국사》 50% 할인. 믿거나 말거나~.

헤로도토스

새 시대 새 음악

우리 민족은 노래를 참 좋아하는 민족이다. 고조선과 부여, 고구려 모두 길거리에 노랫소리가 끊이지 않는다. 하지만 기록으로 전해지는 노래는 많지 않다. 다행히 고조선에 전해 오는 〈공무도하가〉의 노래극 대본을 입수해 싣는다.

연극 〈공무도하가〉 포스터

1막 곽리자고와 아내 여옥의 노래

뱃사공 곽리자고가 아내 여옥에게 아침 강가에서 본 이야기를 전한다.

곽리자고 : 아침에 슬픈 광경을 보았소.
여옥 : 그 무슨 슬픈 사연인가요?
곽리자고 : 머리가 하얗게 센 미친 사내와 그 아내의 이별 이야기라오.
여옥 : 어서 빨리 들려주세요.

2막 머리가 하얗게 센 사내와 아내의 이별 노래

머리가 하얗게 센 미친 사내가 강에 빠져 죽으려 하자, 그의 아내가 쫓아와 말려 보지만 끝내 물에 빠져 죽는다.

사내 : (물로 들어가며) 가네 가네 나는 가네.
아내 : (사내를 쫓아오며) 제발 제발 가지 마세요.
사내 : 가네 가네 나는 가네.
아내 : 그렇게 가시면 저는 어찌할거나.

3막 슬픔에 빠진 아내의 노래

남편이 빠져 죽은 강을 바라보며 아내가 구슬프게 노래를 부른다.

임이여, 물을 건너지 마오.
임은 그예 물을 건너시네.
물에 빠져 돌아가시니
가신 임을 어찌할거나.

공무도하 공경도하 타하이사 당내공하.

노래를 마친 여인이 남편을 따라 강에 몸을 던진다.

4막 여옥의 노래

다시 곽리자고의 집. 남편의 이야기를 듣고 난 여옥이 공후를 타며 구슬피 〈공무도하가〉를 부른다.

여옥 : 공무도하 공경도하 타하이사 당내공하.

여옥이 노래를 부르자, 듣던 사람들이 모두 눈물을 흘리며 따라 부른다. 공무도하 공경도하……. 끝

〈공무도하가〉 비석

우리나라 최초의 서정시 〈황조가〉

최근 고구려 가요인 〈황조가〉가 사람들 사이에서 큰 인기를 누리고 있다. 〈황조가〉는 어떤 노래이고, 사람들이 왜 그렇게 좋아하는지 자세히 알아보기로 한다.

지은이와 작품 연대
〈황조가〉는 고구려 유리왕 3년(기원전 17)에 왕이 직접 지었다고 한다.

작품 형식
네 자씩 네 행으로 된 4언 4구 형식.

작품 구조
기 유리왕은 왕비 송씨가 죽자 골천 사람의 딸 화희와 중국 한인의 딸 치희를 새 아내로 맞이한다. 두 여인은 서로를 시기하며 다툰다. 그러자 유리왕이 궁을 따로 지어 제각기 살게 한다.

승 어느 날 유리왕이 사냥을 떠나 일주일 동안 궁궐을 비운 사이 두 여인이 심하게 다툰다. 화희가 치희에게 "너는 한인의 비천한 첩일 뿐인데, 무례함이 어찌 이리 심한가?"라며 모욕을 주자, 치희가 원한을 품고 한나라로 돌아간다.

전 사냥에서 돌아온 유리왕이 이 이야기를 듣고 비분강개하여 말을 달려 뒤를 쫓았으나, 화가 난 치희는 끝내 돌아오지 않는다.

결 유리가 크게 낙심하여 나무 밑에서 쉬는데, 짝을 지어 날아가는 꾀꼬리를 보고 감탄하여 노래를 짓는다.

황조가

펄펄 나는 저 꾀꼬리
암수 서로 정다운데
외로워라 이내 몸은
뉘와 함께 돌아갈까

작품 해설
〈황조가〉는 우리나라 최초의 서정시로, 이별의 슬픔과 한을 아주 잘 표현한 작품이다. 사랑하는 여인을 떠나보낸 유리왕의 슬픔이 정다운 꾀꼬리에 대비되어 더욱 가슴 절절하게 다가온다. 한편 화희와 치희의 다툼을 두고 토착 세력과 외래 세력의 권력 다툼이며, 왕권을 강화시키려다 좌절한 유리왕의 심정을 보여 주는 서정시라는 견해도 있다.

인기 비결
동서고금을 막론하고 남녀 사이의 이별은 가장 좋은 노랫말 소재이다. 〈황조가〉도 이런 유행가 문법을 충실히 따르고 있다. 4언 4구 형식의 노랫말이 입에 착착 달라붙는데, 두 번만 따라 부르면 누구나 외울 수 있는 쉬운 가사도 이 노래의 인기 비결이다.

풍요와 다산을 비는 미술

선사 시대에는 그림 재료가 마땅치 않아서인지 전해 내려오는 작품이 거의 없다. 하지만 바위에 그린 그림은 그 모습을 온전히 간직하고 있다. 풍요와 다산을 기원하는 선사 시대의 미술 현장으로.

그림 체험 현장

울산 반구대에 바위그림 새기던 날

화창한 여름 날, 바위그림을 새기는 현장을 찾았다. 울산 태화강 변에 자리한 반구대 건너편에는 그림을 그리는 모습을 보기 위해 몰려든 선사 시대 사람들로 북적였다. 반구대란 거북이가 엎드려 있는 모양의 바위라는 뜻. 반구대 바위그림은 가로 길이가 8미터, 높이가 2미터쯤 되는 엄청나게 큰 캔버스 같았다.

선사 시대 사람들은 거대한 바위에 갖가지 그림을 새겼다. 힘차게 하늘로 치솟는 고래 떼, 사슴과 멧돼지를 사냥하는 사냥꾼, 사슴을 미끼로 호랑이를 유인하는 모습, 작살에 맞아 몸부림치는 고래, 여러 사람이 탄 고래잡이 배 등 모양도 가지가지다. 사람들은 왜 여기에다 이렇게 많은 고래 그림을 새기는 걸까. 바위에 그림을 새기던 한 사람은 "고래를 많이 잡게 해 달라고 비는 마음으로 그림을 새긴다."라며 "이렇게 그림을 그려 놓으면 고래잡이 교본도 될 것"이라며 헤헤 웃었다.

반구대에는 약 300여 점의 그림이 새겨져 있다. 이 모든 그림들은 하루아침에 새긴 게 아니라, 신석기 시대부터 청동기 시대에 걸쳐 아주 오랜 세월 대를 이어 새긴 거라고 한다. 그러니까 이곳 선사 시대 사람들이 고래잡이를 하는 동안 반구대 암각화 작업도 계속될 것으로 보인다. 하늘에 붉은 석양이 깔리자 노을빛에 물든 반구대 고래들이 마치 살아서 춤을 추는 듯했다.

울산 반구대 바위그림(복원품)

반구대 암각화가 드러나던 날

반구대 전경

울산시 울주군 대곡리 태화강 변에 자리 잡은 반구대는 높이 약 70미터, 너비 약 20미터에 이르는 바위 절벽이다. 바위그림이 새겨진 곳은 그중 물에 가까운 아래 부분이다. 이 바위그림은 1968년 인근에 댐이 건설되면서 잠겨 있다가, 1971년 심한 가뭄이 들어 물이 빠지면서 세상에 그 모습을 드러냈다. 그 후 여러 학자들의 노력으로 문화적·역사적 가치를 인정받아 국보 285호로 지정되었다.

> 해외 미술계 동향

유럽은 지금 동굴 벽화가 대세

유럽 각지에서 동굴 벽화 작업이 유행처럼 번지고 있다. 우리나라 선사 시대에는 없는 현상이다. 그래서 더욱 흥미를 끌고 있는데, 작품성이 뛰어난 동굴 벽화가 있는 곳을 소개한다.

  동굴 벽화를 그리는 물감은 자연에서 나는 천연 재료다. 흙에서 얻은 황색과 갈색 물감, 숯에서 나는 검은색 물감, 바위를 갈아 만든 푸른색 염료 등이 동굴 벽화를 그리는 재료이다.
  동굴 벽화에는 주로 사냥감을 그리는데, 이를테면 들소, 말, 사슴, 매머드, 곰, 뱀 따위의 짐승을 그린다. 동굴 벽화를 그릴 때에는 반구대 암각화처럼 바위에 새기는 방법과 물감으로 그림을 그리는 방법이 있다. 또한 이 두 가지 방법을 섞어서 동굴 벽에 새긴 뒤 색칠하는 방법도 있다.
  구석기 시대 유럽에서 가장 유명한 동굴 벽화는 예술의 나라 프랑스에 있는 라스코 동굴 벽화와 피카소의 나라 에스파냐(스페인)에 있는 알타미라 동굴 벽화다.

예술의 나라, 동굴 벽화도 예술

  라스코 동굴 벽화는 후기 구석기 시대를 대표하는 동굴 예술 작품이다. 라스코 동굴은 프랑스 중서부 지방 베제르 계곡의 절벽 위쪽에 있다. 동굴의 벽면은 갖가지 동물 그림으로 아름답게 장식되어 있으며, 여기에는 사냥의 성공과 풍요를 기원하는 뜻이 담긴 듯하다. 동굴에 새기거나 그린 그림은 모두 3,000개가 넘는다. 벽화가 동굴에서 가장 다가가기 어려운 곳에 있는 것으로 보아, 그곳이 종교 의식

라스코 동굴 벽화

을 하는 주술사만이 들어길 수 있는 신성한 곳으로 여겨진다. 이곳은 1940년에 주변 마을 아이들이 발견해 세상에 알려진다.
  라스코 동굴 벽화와 쌍벽을 이루는 동굴 예술 작품은 에스파냐의 알타미라 동굴 벽화이다. 에스파냐 북부에 자리한 이 동굴은 붉은색과 검은색으로 그려진 들소 그림이 있는 것으로 유명하다. 이 동굴 벽화는 1879년에 아버지를 따라 동굴 탐사를 갔던 한 소녀가 우연히 발견하는데, 뛰어난 구석기 시대 예술 작품을 볼 수 있게 해 준 소년·소녀에게 감사드린다.

알타미라 동굴 벽화

선사 시대 조각 작품 베스트 3

그림 못지않게 선사 시대 조각 작품도 많은 사람들의 관심을 받고 있다. 선사 시대부터 철기 시대에 이르는 우리나라의 조각 예술 세계를 만나 보자.

한반도에 사는 선사 시대 사람들은 풍요와 다산을 기원하는 마음으로 빼어난 조각품을 창조했다. 선사 시대 조각품 베스트 3은 어떤 작품일까. 작품 제목은 《특종! 달려라 한국사》 미술팀에서 마음대로 붙인 것임을 밝혀 둔다.

1위 털코뿔이 뼈에 새긴 사람 얼굴
충북 제천 점말 동굴에서 발견된 것으로, 털코뿔이 앞발 뼈에 두 눈과 입 등을 새긴 구석기 작품. 사람의 모습이 워낙 희미하게 새겨진 탓에 예술성이 다소 떨어지기는 하나, 한반도 최초의 조각 예술품이라는 점에서 1위에 올랐다. 작품 제목은 〈희미한 옛 사람의 얼굴〉.

2위 하얀 조가비 마스크
부산 동삼동 조개무지에서 발견된 것으로, 길이 약 12센티미터의 조가비에 두 눈과 입을 뚫어 마스크로 만든 신석기 시대 작품. 하늘에 제사를 지낼 때 이 조가비 마스크를 썼을 것으로 추정된다. 작품 제목은 〈인생은 아름다워〉.

하얀 조가비 마스크

3위 흙으로 만든 사람 얼굴

강원도 양양 오산리에서 발견된 것으로, 길이 약 5센티미터 크기에 흙을 재료로 만든 사람 얼굴 모양의 신석기 시대 작품. 이것 또한 하늘에 제사를 지낼 때 사용된 것으로 추정된다. 작품 제목은 〈슬픈 표정 짓지 말아요〉.

흙으로 빚은 사람 얼굴

동서양 최고의 미녀는 누구?

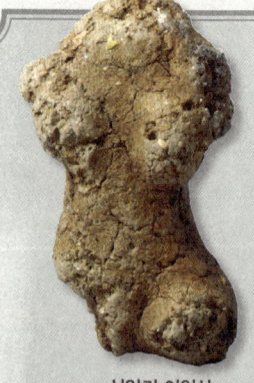

동서양 최고의 미녀 후보는 울산 신암리에서 나온 여인상과 오스트리아 빌렌도르프에서 발견된 비너스이다. 흙으로 빚은 신암리 여인상은 잘록한 허리와 봉긋한 가슴을 가진 신석기 시대 여인의 모습을 엿볼 수 있다. 반면에 구석기 시대 말 석회암으로 만든 빌렌도르프의 비너스는 가슴과 엉덩이는 지나치게 크고, 뱃살은 흘러내릴 듯 우스꽝스럽다. 하지만 두 작품 모두 풍요와 다산을 비는 마음은 같았고, 그 시대 사람들에겐 아름다움의 상징이었다고 한다. 과연 동서양 최고의 미녀는 누구일까?

신암리 여인상

빌렌도르프의 비너스 상

고운 무늬 청동 거울과 금제 허리띠 장식품

청동기와 철기 시대 들어 조각 작품의 재질이 다양해지고, 입이 떡 벌어질 만큼 완성도가 높아졌다. 한반도의 청동기와 철기 시대를 대표하는 금속 공예 작품을 소개한다.

정교한 무늬를 자랑하는 고운 무늬 청동 거울

충남 지역에서 발굴된 고운 무늬 청동 거울은 디자인과 구성이 뛰어나고, 무늬가 정교해 예술적 가치가 매우 높다. 이 청동 거울은 지름이 21.2센티미터, 테두리 폭이 1센티미터쯤 되는데, 놀랍게도 20센티미터 남짓 되는 원 안에 1만 3,000개의 원과 직선이 그려져 있다. 그리고 원과 직선의 선과 선 사이는 겨우 0.3밀리미터 정도인데, 한 치 어긋남 없이 너무나 정교하다. 이런 정도의 정교함은 21세기의 컴퓨터로도 쉽게 새기기 힘들다고 한다.

이처럼 고운 무늬 청동 거울은 우리나라 청동기 시대 청동 주조 기술의 진수를 보여 주는 매우 소중한 예술품이다. 청동 거울은 가슴에 달았던 장식품으로 햇빛에 반사하면 눈부신 광채를 낸다. 지배자가 권위와 위엄을 지닌 태양과 같은 존재임을 나타내려고 쓴 것으로 보인다. 국보 141호.

고운 무늬 청동 거울

용들이 용틀임하는 듯한 낙랑 황금 허리띠 고리

낙랑 황금 허리띠 고리는 길이 9.4센티미터, 너비 6.4센티미터 정도이고, 순금으로 만들었다. 머리 폭이 넓고 둥글며, 안쪽에 구멍과 고리를 만들어 허리띠를 맬 수 있게 했다. 또 금실과 금 알갱이를 이어 붙여 한 마리의 큰 용과 여섯 마리의 작은 용을 새겼고, 용과 용 사이는 꽃잎 모양의 윤곽을 만들었다. 그리고 그 속에 비취옥까지 끼워 넣어 매우 화려하고 섬세한 느낌을 주고 있다. 서로 뒤엉킨 일곱 마리의 용은 마치 용틀임하듯 생동감이 넘친다. 이 황금 허리띠 고리는 철기 시대인 1~2세기 무렵에 만들어진 것으로, 낙랑군의 가장 대표적인 고분 유물이다. 이후 신라 금속 제품 제작에도 큰 영향을 끼친다. 국보 89호.

황금 허리띠 고리

패션

최신 유행 패션

구석기와 신석기 시대 그리고 고조선 때의 특징을 보여 주는 패션 아이템을 선보인다. 그들만의 멋과 아름다움이 살아 있는 패션 현장으로 고 고!

단순한 멋의 구석기 여인

구석기 시대 패션의 특징은 뭐니 뭐니 해도 단순함이다. 사냥의 부산물인 가죽으로 옷을 잘 만들려면 가죽에 묻은 살점을 깨끗이 긁어 낸 뒤, 가죽이 오그라들지 않도록 둘레에 나무못을 박아서 말려야 한다. 그런 다음 납작한 돌로 기름을 조금 발라 잘 문질러 주면 부드러운 가죽옷이 완성된다.

머리 모양 가위가 없었으므로 끝이 날카로운 돌 두 개를 서로 문질러 잘랐을 것으로 짐작.

통치마 사각 모양의 가죽 천을 대충 두르고 동물 심줄이나 질긴 식물 줄기로 허리띠를 두르면 패션 완성.

맨발 맨발의 여인. 처음엔 불편하지만 발바닥에 땀나도록 돌아다니다 보면 굳은살이 박여서 세상 어떤 신발보다 편하다.

귀걸이 옥으로 만든 고리 모양.

머리 모양 머리를 뒤로 묶어 동물 뼈 등으로 만든 뒤꽂이로 흘러내리지 않게 고정시킴.

목걸이 조가비로 만든 목걸이가 가장 유행.

팔찌 조가비로 만듦.

원피스 삼베로 만든 신석기 여인의 신상.

발찌 짐승의 송곳니로 만듦.

맨발 신석기 시대에도 맨발이 대세.

세련된 멋의 신석기 여인

신석기 시대 들어 삼나무 속껍질로 실을 잣고, 그 실로 삼베옷을 만들어 입기 시작했다. 삼베옷은 통풍이 잘돼 봄·여름·가을 옷으로 큰 인기를 끌었다. 겨울에는 추위 때문에 여전히 가죽옷을 즐겨 입었다. 신석기 시대 사람들은 생활에 여유가 생기면서 조개껍데기, 뼈 조각 등으로 장신구를 만들어 멋을 냈다.

모자 가죽 제품. 고조선 관리들은 모자에 금과 은, 청동 장신구를 달기도 한다.

머리 모양 상투를 튼 머리. 연나라 위만이 고조선에 넘어올 때도 상투를 틀고 왔다.

두루마기 외출때 입는 겉옷. 아이보리 계열의 발이 고운 삼베. 귀족들은 비단으로 만든 두루마기를 입기도 한다.

비늘 갑옷 고조선이 자랑하는 물고기 비늘 모양의 철제 갑옷. 비늘 하나하나를 쇠줄로 엮었다.

허리띠 청동 버클로 장식한 가죽 허리띠. 버클에는 용 같은 동물 모양을 새겼다.

바지저고리 회색 삼베 바지. 신분이 높을수록 발이 고운 삼베옷을 입는다.

철제 칼 기원전 4세기 전후 철로 만든 칼을 많이 사용. 청동 검에 비해 훨씬 단단하고 날카로웠다.

신발 목이 있는 가죽신. 청동 단추를 화려하게 장식한다.

신발 튼튼한 가죽으로 만든 군화. 관리들이 신는 가죽신에 비해 훨씬 튼튼함.

고조선 관리와 장군의 고품격 패션

고조선 사람들은 여러 가지 직조 기술을 가지고 있어 다양한 옷감을 만들어 낸다. 품질 좋은 베를 짜는 고조선의 직조 기술은 나중에 이웃의 옥저에도 전파된다. 또한 뽕나무를 심고 누에를 쳐서 뽑은 명주실로 짜는 비단은 귀족 집안이 아니면 입기 힘든 최고급 패션이다. 고조선의 남자는 대개 바지저고리를 입는데, 추우면 겉옷도 걸친다. 여자는 여기에 치마를 입는다. 특히 관리나 귀족은 외출할 때 모자를 쓰고, 다양한 금속과 보석으로 만든 목걸이·귀걸이 등의 장신구를 달았다. 또 신발은 주로 가죽신을 신었고, 작은 청동제 단추로 화려하게 장식하였다. 한편, 고조선의 장군은 상투를 튼 머리에 철제 비늘 갑옷을 입고, 크고 긴 칼을 쥐고 있는 모습이 보기만 해도 늠름하기 그지없다.

음식 Food

새로운 음식 문화

구석기 시대는 나무 열매와 식물 뿌리를 캐 먹고 짐승을 잡아먹었다.
신석기 시대에는 물고기와 조개류 음식을 많이 먹었다.
청동기 시대 들어 곡식 농사가 늘어나 한국인의 밥상은
그럴듯한 모양을 갖추기 시작했다. 선사인의 행복한 밥상 대 공개!

구석기 소년 우가의 행복한 저녁 식사

동굴에 사는 구석기 소년 우가는 고기를 정말 좋아한다. 하지만 고기는 짐승을 사냥해야 하기 때문에 가끔 먹을 수 있다. 우가는 고기 중에서도 장작불에 구워 먹는 멧돼지 고기를 가장 좋아한다. 불과 수십만 년 전만 해도 고기를 날로 먹었는데, 불이 발견되면서부터 고소하고 육즙이 풍부한 장작구이 멧돼지 바비큐를 먹게 되었다고 한다. 우가는 고기를 먹고 나서 엄마가 따다 준 산딸기와 오디를 먹을 때가 세상에서 가장 행복하다.

신석기 시대 최고의 조리법을 찾아라!

신석기 시대 들어 날씨가 따뜻해지고 바닷물과 강물이 늘어나다 보니, 물고기와 조개가 바다에 지천으로 널렸다. 그래서 조개를 어떻게 요리해 먹으면 가장 맛있는지 신석기 조리 연구소의 도움으로 알아봤다.

1. 화덕에서 조개구이
화덕(노)에 나무를 넣고 불을 땐 뒤, 굴·홍합·소라·전복·고둥·바지락 등을 넣는다. 그리고 좀 있으면 다 익은 조개들이 타닥타닥 소리를 내면서 어서 먹으라고 입을 쩍 벌린다.

2. 화덕에서 조개 찜
먼저 구이용으로 썼던 숯을 화덕에서 꺼내고 달궈진 밑돌 위에 조개를 가지런히 얹는다. 그런 다음 물을 뿌리면 증기에 의해 담백한 맛의 조개 찜이 만들어진다.

3. 조개탕
먼저 흙바닥을 다독여 평평하게 만든 뒤 빗살무늬 토기를 흙 속에 꽂는다. 그런 다음 조개 등을 토기에 넣고, 돌을 토기 주변에 쌓고 나무에 불을 피워 끓인다.

조미료의 혁명, 소금의 발견

요리할 때 소금은 없어서는 안 될 재료이다. 어쩌면 인간에게 금보다 더 귀한 것일지도 모른다. 그래서 선사 시대에 소금이 산출되는 해안가는 교역의 중심이 되고, 산간에 사는 수렵민이나 내륙의 농경민은 그들이 잡은 짐승이나 농산물을 소금과 교환하기 위해 소금 산지에 모여들기도 했다. 음식 맛을 살리고, 부패를 방지하고, 배추와 생선을 절이고, 간장과 된장의 원료로 쓰이는 등 소금의 효능은 일일이 손을 꼽기도 힘들다. 왜 소금을 일러 '하얀 금'이라고 하는지 알 것 같다.

신상 대 방출! 신석기 주방 용품 4종 세트

오늘 신석기 홈쇼핑에서 소개할 제품은 주부들이 좋아할 만한 주방용 신상이다. 그건 바로 갈판과 갈돌, 절구, 빗살무늬 토기, 시루이다.

농사를 짓기 시작하면서 곡물 수확이 늘어 곡식의 껍질을 벗기고 가루를 내는 게 어려우시다고? 그렇다면 갈판과 갈돌이 최고다. 우리 집은 식구가 많아서 갈돌과 갈판만으론 처리가 곤란하다고? 그런 주부를 위해 돌로 만든 절구를 준비했으니, 식구가 많은 집에서는 꼭 장만하기 바란다. 다음은 빗살무늬 토기. 음식을 저장하고, 절이고, 찌고, 끓이는 용기로 이 토기만 한 게 없다. 끝으로 선보이는 신석기 홈쇼핑의 야심작은 시루다. 물을 담은 큰 솥을 아래에 놓고, 그 위에 시루를 얹은 다음 수증기를 이용해 음식을 익히는 주방 용품이다.

신석기 주방 용품 4종 세트를 모두 구입하는 고객에게는 장미칼보다 더 잘 드는 최신형 반달 돌칼을 선물로 드리니 서둘러 주문해 주기 바란다. 전화번호 1588-XX88.

빗살무늬 토기

고조선 사람들의 밥상

청동기 시대 들어 벼농사가 본격적으로 이루어짐에 따라 비로소 한국인의 밥상이 제대로 갖춰지게 되었다. 아주 특별한 날, 한 고조선 가족이 저녁 밥상을 차렸다. 쌀밥, 고깃국, 고기구이, 생선찜, 나물 무침 등이 올라온 행복 밥상을 소개한다.

퀴즈

퀴즈로 푸는 한국사. 재미있게 문제도 풀고,
한국사도 정복하는 일석이조 역사 퀴즈!

1 인류는 아프리카에 등장한 최초의 고인류부터 처음 도구를 사용한 손쓰는 사람, 불을 사용한 곧선 사람, 현생 인류의 먼 조상인 슬기 사람 순으로 진화했다. 인류의 진화 과정이 바르게 연결된 것은?

가) 호모 에렉투스 나) 호모 하빌리스
다) 오스트랄로피테쿠스 라) 호모 사피엔스

❶ 가-나-다-라 ❷ 가-다-나-라
❸ 다-나-가-라 ❹ 다-나-라-가

2 시대와 도구가 잘못 짝지어진 것은?

❶ 구석기-떼어 만든 돌도끼 ❷ 신석기-갈아 만든 돌보습 ❸ 청동기-청동으로 만든 삽 ❹ 철기-쇠로 만든 괭이

3 우리나라 문헌 가운데 고조선이 처음 언급된 역사책은?

❶ 삼국사기 ❷ 삼국유사 ❸ 제왕운기
❹ 동국통감

4 단군왕검이 고조선을 세우고 도읍을 정한 곳은?

❶ 아사달 ❷ 아사녀 ❸ 아사봉 ❹ 아딸딸

5 난을 피해 고조선으로 들어와 고조선 준왕의 신임을 얻은 뒤 쿠데타를 일으켜 준왕을 몰아내고 왕이 된 연나라 사람은?

❶ 슐리만 ❷ 슈만 ❸ 아이언만 ❹ 위만

6 기원전 108년 고조선과 한나라가 전쟁을 치를 때 양쪽의 대장은?

❶ 우거왕-한 무제 ❷ 우거지-한 문제
❸ 우거왕-한 문제 ❹ 우거지-한 무제

7 고조선 멸망 이후 만주와 한반도 일대에 존재했던 나라들과 제천행사가 잘못 짝지어진 것은?

❶ 부여-영고 ❷ 동예-무천
❸ 옥저-가배 ❹ 고구려-동맹

8 고구려, 백제, 신라, 가야를 세운 시조 가운데 알에서 태어나지 않은 왕은?

① 고구려 주몽 ② 백제 온조
③ 신라 박혁거세 ④ 가야 김수로

9 남편인 주몽을 도와 고구려를 세우고, 아들 온조를 도와 백제를 세운 여걸은?

① 유화 부인 ② 예씨 부인
③ 수로 부인 ④ 소서노

10 고구려 국상(국무총리)으로, 봄에 곡식을 빌려 주었다가 가을 추수 때 돌려받는 진대법을 실시한 사람은?

① 명림답부 ② 을파소 ③ 창조리 ④ 바제상

11 낙랑 공주와 호동 왕자의 비극적인 사랑과 관련 있는 북으로, 적이 침입해 올 때 스스로 소리를 내 위급한 상황을 알렸다고 전해지는 북 이름은?

① 셀프드럼 ② 자명종 ③ 자명타 ④ 자명고

12 신석기 시대 말부터 청동기 시대에 걸쳐 새긴 것으로 추정되는 바위그림으로, 짐승을 사냥하는 모습과 고래를 잡는 모습 등, 선사 시대 사람들의 일상을 담은 암각화는?

① 방구대 암각화 ② 반구대 암각화
③ 방위대 암각화 ④ 방통대 암각화

편집후기

한국사 최대의 미스터리

한국사 최대의 미스터리가 뭐라고 생각하니? 나는 고조선이라고 생각해. 고조선이 기원전 2333년에 건국된 게 맞는지, 도성이 평양인지 요동 지방인지, 한나라 침입으로 망할 때 왕검성이 어디 있었는지, 학자들마다 의견이 달라. 역사 여행을 하면서 이 부분을 좀 더 명확하게 밝혀 보려고 했지만 쉽지가 않았어. 앞으로 유물과 유적이 더 많이 발굴되고 고조선이 언급된 문헌이 많이 발견되면 고조선 미스터리가 풀리겠지만, 그전에라도 우리 모두 고조선에 대해 더 많은 관심을 가졌으면 좋겠어.

인류 역사의 가장 위대한 인물은?

안녕, 친구들. 시간을 달리는 역사 여행 재미있었니? 구석기 시대부터 삼국의 건국까지 달리면서 문득 떠오른 생각이 하나 있어. 인류 역사에서 가장 위대한 인물은 누구일까, 하고 말이야. 그건 누가 뭐래도 구석기인이 아닌가 싶어. 인류 최초로 두 발로 서서 걷고, 돌도끼를 만들고, 불을 발견해 빙하기의 추위 속에서도 살아남았으니까. 그들의 생존이 없었다면 인류 역사도 존재하지 못했을 거야.

걱정 반 기대 반 격변의 삼국 시대

1권에서는 삼국이 건국된 이야기까지 했는데, 2권에서는 본격적인 삼국 시대 이야기가 펼쳐질 거야. 삼국 시대는 우리 역사에서 가장 변화가 큰 시대였어. 삼국이 치열하게 경쟁하다 보니 전쟁도 잦았고, 반면에 그 역동성 덕분에 정치, 경제, 사회, 문화 분야에서 발전도 빨랐지. 아무튼 걸음마를 끝낸 삼국이 삼국통일을 향해 달려 나가는 2권에도 계속 관심을 가지고 지켜봐 줘. 나두 삼국 시대 소요로 열심히 달려갈 테니까. 안녕~.

인류 발전을 이끈 3대 발명품

인류 발전에 큰 영향을 끼친 발명품에는 어떤 게 있을까? 그건 바로 불, 문자, 바퀴가 아닐까 생각해. 불 덕분에 인류가 그 추운 빙하기에서도 살아남았고, 음식을 익혀 먹으면서 한층 똑똑해졌잖아. 문자는 인류가 축적한 경험과 지식을 후대에 전해 줌으로써 인류의 문화가 발전할 수 있도록 도와주었고, 바퀴는 인간과 인간 사이의 거리뿐 아니라 지역과 지역 사이의 거리를 현저하게 좁혀, 인류 문명이 급속히 발전하는 데 큰 기여를 했지.

우리 민족의 영산 백두산 천지

사진과 그림 제공 및 출처

18-19 **오스트랄로피테쿠스, 호모 하빌리스, 호모 에렉투스, 호모 사피엔스, 호모 사피엔스 사피엔스**(Bridgemanart)
24-25 **뾰족찍개, 긁개, 밀개, 슴베찌르개**(충북대학교 박물관) / **주먹도끼**(국립중앙박물관)
36-37 **그물추 1**(북앤포토, 국립중앙박물관) / **그물추 2**(국립중앙박물관), **결합식 낚싯바늘, 뼈작살**(북앤포토, 국립중앙박물관)
38-39 **화살촉**(국립제주박물관)
40-41 **돌괭이**(북앤포토, 국립중앙박물관) / **돌보습**(국립김해박물관) / **갈돌과 갈판, 돌낫, 돌도끼**(국립중앙박물관)
42-43 **청주 소로리 유적**(충북대학교 박물관)
52-53 **비파형 동검**(북앤포토, 국립중앙박물관) / **미송리형 토기**(조선유적유물도감), **바둑판 고인돌**(북앤포토)
58-59 **팽이형 토기**(조선유적유물도감) / **구멍무늬 토기, 가지 무늬 토기**(북앤포토, 국립중앙박물관), **붉은간 토기**(국립김해박물관), **시루**(국립광주박물관)
60-61 **농경문 청동기**(북앤포토, 국립중앙박물관)
64-65 **팔주령, 쌍두령 1, 쌍두령 2, 장대투겁**(국립중앙박물관)
66-67 **탁자식 고인돌**(북앤포토)
68-69 **단군왕검 영정**(북앤포토, 사직동 단군성전), **참성단**(북앤포토)
72-73 **단군릉**(중앙포토)
80-81 **다호리 출토 철검**(연합뉴스) / **철제 무기, 철제 농기구**(국립중앙박물관)
100-101 **송화강**(Gettyimages, 멀티비츠)
104-105 **제천 의림지**(북앤포토)
108-109 **기야금관**(호암미술관) / **서역인 모습의 신라 토우**(국립경주박물관) / **고구려 지린성 무용총 가무배송도**(북앤포토, 독립기념관)
110-111 **오녀산성**(북앤포토)
118-119 **백제 돌무지 무덤**(북앤포토)
120-121 **경주 나정**(북앤포토)
122-123 **김해 구산동 아홉 거북 조각물**(북앤포토)
132-133 **경주 오릉**(북앤포토)
140-141 **비류수**(북앤포토)
142-143 **품계석**(북앤포토)
144-145 **김홍도 〈타작〉**(북앤포토)
146-147 **환도성**(북앤포토)
158-159 **진주 남강 대평리 유적지 발굴 현장**(진주청동기문화박물관)
162-163 **함무라비 법전**(위키미디어) / **쿠푸 왕의 피라미드**(두피디아)
164-165 **갑골문자**(위키미디어) / **모헨조다로 유적지**(위키미디어)
166-167 **예수**(위키미디어)
168-169 **아크로폴리스 언덕**(위키미디어)
170-171 **아우구스투스 조각상**(위키미디어)
172-173 **《삼국지》, 《삼국유사》**(민음사), **《삼국사기》**(타임기획), **사마천**(위키미디어), **헤로도토스**(위키미디어)
174-175 **연극 〈공무도하가〉 포스터**(극단 여행과 꿈), **〈공무도하가〉 비석**(북앤포토)
176-177 **반구대 암각화 복원품**(국립문화재연구소) / **반구대 전경**(뉴스뱅크) / **라스코 농굴 벽화**(유로크레온), **알타미라 동굴 벽화**(위키미디어)
178-179 **털코뿔이 뼈**(석장리 박물관), **하얀 조가비 마스크, 흙으로 빚은 사람 얼굴, 신암리 여인상**(국립중앙박물관), **빌렌도르프 비너스상**(위키미디어) / **고운 무늬 청동 거울**(북앤포토, 국립중앙박물관), **황금 허리띠 고리**(북앤포토, 국립중앙박물관)
182-183 **소금**(북앤포도) / **빗살무늬 토기**(국립중앙박물관)
186-187 **백두산 천지**(토픽이미지)

- 이 책에 쓴 사진은 해당 사진을 보유하고 있는 단체와 저작권자의 허락을 받아 게재한 것입니다. 사진을 제공해 주셔서 고맙습니다.
- 저작권자를 찾지 못하여 게재 허락을 받지 못한 사진은 저작권자를 확인하는 대로 게재 허락을 받고, 통상 기준에 따라 사용료를 지불하겠습니다.

그림을 그린 **이상규** 선생님은 만화가로 일하다가 지금은 어린이 책에 그림을 그리고 있습니다. 그동안 《돌도끼에서 우리별 3호까지》《얘들아, 역사로 가자》《전태일, 불꽃이 된 노동자》 같은 책에 그림을 그렸습니다.

그림을 그린 **조재석** 선생님은 대학에서 시각디자인을 공부하였습니다. 디자이너로 일하다가 지금은 어린이 책에 그림을 그리고 있습니다. 그동안 《백성을 역사의 주인으로 세운 혁명가 전봉준》《아홉 살 인생 멘토》 같은 책에 그림을 그렸습니다.

만화를 그린 **김소희** 선생님은 대학에서 시각디자인을 공부하였습니다. 지금은 어린이 책에 만화 작업과 그림을 그리고 있습니다. 그동안 《희원이의 7000원》《붓과 총을 든 여전사 의병장 윤희순》《완두콩》 같은 책에 그림을 그렸습니다.

특종! 날려라 한국사 1
글 이광희 | 그림 이상규 조재석 김소희

초판 1쇄 펴낸날 2013년 11월 27일
펴낸이 정구철 | **편집장** 한해숙 | **편집 진행** 신관식
기획·편집 네사람 | **디자인** 디자인아이 | **사진진행** 북앤포토
마케팅 김용재, 박영준 | **영업관리** 김효순 | **제작** 김용학, 강명주
분해 나모에디트(주) | **출력·인쇄** (주)삼조인쇄 | **제본** (주)선명제본 | **펴낸곳** (주)한솔교육 등록 제2013-000276호
주소 서울시 마포구 월드컵로 96 영훈빌딩 5층 | **전화** 02-2001-5822(편집), 02-2001-5828(영업) | **전송** 02-2001-0108
전자우편 isoobook@eduhansol.co.kr | **북카페** cafe.naver.com/soobook | **페이스북** www.faccbook.com/isoobook
ISBN 979-11-951400-3-9 74910 **ISBN** 979-11-951400-2-2 74910(세트)

ⓒ 2013 이광희·네사람
※저작권법으로 보호받는 저작물이므로 저작권자의 서면 동의 없이 다른 곳에 옮겨 싣거나 베껴 쓸 수 없으며 전산장치에 저장할 수 없습니다.
※값은 뒤표지에 있습니다.

 한솔수북의 모든 책은 아이의 눈, 엄마의 마음으로 만듭니다.